DIETA MEDITTERRANEA

SOMMARIO

DIETA MEDITTERRANEA............... 1

CAPITOLO I..................... 7

  INTRODUZIONE 7

CAPITOLO II.................... 23

  CENNI STORICI 23

CAPITOLO III................... 29

  LA PIRAMIDE DELLA DIETA MEDITERRANEA 29

CAPITOLO IV 32

  I VALORI NUTRIZIONALI 32

  PROTEINE 32

  CARBOIDRATI 34

  GRASSI 36

  FIBRE 38

VITAMINE E SALI MINERALI 39

SCHEDE PRODOTTI TIPICI DEL MEDITERRANEO 49

Olio d'oliva 49

Pomodoro 52

Pasta 54

Carne di capretto 57

ricotta di pecora 60

ricotta salata 62

broccoli 65

cicoria 68

carciofi 70

fagioli 72

fiori di zucca 75

peperoni 77

acciughe 79

acciughe salate 83

pesce spada 87

finocchietto selvatico 90

origano 93

CAPITOLO V 97

GLI ALIMENTI TIPICI DELLA DIETA
MEDITERRANEA 97

L'olio 98

La pasta 102

Il pomodoro 106

Le carni 107

I formaggi 109

Il vino 111

Gli agrumi 113

Aglio 115

Basilico 117

Mirto 118

Origano 119

Peperoncino 120

Rosmarino 121

CAPITOLO VI 122

LA PITA MEDITERRANEA ED ORIENTALE
.... 122

IL PANE FRANCESE 126

IL PANE IN SPAGNA 128

IL PANE IN ITALIA 129

IL PANE DI ALTAMURA 134

IL PANE DI GENZANO 137

IL PANE TOSCANO 140

PANE DI MATERA 143

LA MICHETTA MILANESE 145

I GRISSINI TORINESI 148

IL PANE CARASAU 151

CONCLUSIONE: 159

  Basilicata: 159

  Calabria 161

Campania 163

Emilia-Romagna 166

Friuli Venezia Giulia 168

Lazio 169

Liguria 171

Lombardia 172

Marche 174

Molise 175

Piemonte 176

Puglia 178

Sardegna 181

Sicilia 183

Toscana 184

Trentino-Alto Adige 186

Umbria 188

Valle d'Aosta 189

Veneto 190

CAPITOLO I

INTRODUZIONE

Nella nostra società del benessere e del consumismo l'abbondanza di cibi superflui, come l'eccesso di zuccheri, le bevande gassate, i cibi conservati, surgelati, precotti e già pronti, sono all'ordine del giorno.

Non è però questo un buon modello di alimentazione e non sono queste le abitudini che andrebbero adottate per la dieta di tutti i giorni.

Problemi cardiovascolari, dovuti all'eccesso di alcol, l'obesità, il sovrappeso, gli inestetismi, il diabete che insorge con l'età e altre patologie, sono tutte spesso assimilabili ad una dieta scorretta. In questo libro, troverete molte indicazioni e consigli utili per mantenere il vostro equilibrio psicofisico a livelli ottimali, imparando ad evitare i cibi superflui, cuocere gli alimenti secondo le regole corrette, scegliere le materie prime di qualità anche mantenendo un occhio al portafogli.

Molti studi scientifici sono stati condotti a riguardo e certamente, tra le diete più consigliate al mondo, compare proprio quella mediterranea.

Da non confondersi, però, con ogni piatti tipico o più tradizionale territoriale che, se anche si sa, sono gustosi e pressoché irrinunciabili, spesso troppo unti o elaborati, non aiutano a mantenere la dieta in equilibrio.

In questo manuale troverete anche i consigli utili per rendere le ricette più pesanti digeribili e ad evitare ciò di cui il corpo in realtà non ha bisogno.

È importante comunque saper mangiare tutto e la dieta piramidale è quella preferibile rispetto alle diete che tendono ad eliminare alcuni ingredienti, abitudini queste ultime da adottare soltanto in caso di patologie o allergie.

La dieta mediterranea prevede ed include, infatti, ogni genere di alimento, carne, pesce, uova, legumi, cereali, verdure in abbondanza, formaggi, frutta, miele e olio d'oliva, un toccasana in cucina, meglio se olio extravergine.

Negli ultimi anni abbiamo assistito all'ingresso di una moda, quella del cibo macrobiotico. Il cibo macrobiotico, ovvero quello che si consuma fresco e nella sua interezza come la natura crea, come ad esempio il cereale integrale, è ottimo, anche se a volte eccede in fibre che per alcune tipologie di costituzione può non andare bene.

In generale, la dieta mediterranea, e in particolare quella italiana, si avvicina moltissimo alla dieta macrobiotica, poiché peculiare è proprio la lavorazione e la preparazione del cibo in cucina che tende a cucinare i cibi il giusto, a non usare eccessive spezie, ma erbe aromatiche che sono anche curative e rinfrescanti, oltre che emollienti; si mantengono così tutte le proprietà organolettiche delle materie prime e i piatti creati restituiscono i sapori originali della materia, senza alterarla in nessun modo.

Ci sono alcune abitudini che andrebbero eliminate subito e altre adottate; da eliminare l'eccesso di caffè e di alcol, da inserire anche l'esercizio fisico e il bere acqua che non sia gassata, almeno 1,5lt al giorno, per tutti.

Lo stile di vita, infatti, che affianca la dieta, completa l'attività routinaria giornaliera e mantiene il fisico sano e anche la mente.

La dieta ideale prevede dunque il consumo di tutti i cibi, nessuno escluso, dipende però dalla quantità con cui essi vengono assunti.

Il consiglio migliore prevede un 50% di carboidrati (pasto o riso), un 25% di verdure, un 25% di carne, uova o pesce, quindi di proteine.

Dipenderà comunque dal risultato che si vuole ottenere, nel caso si desideri dimagrire, oppure si svolga molta attività fisica o per nulla.

Anche la costituzione e la predisposizione della persona verso alcuni cibi e le modalità particolari di digestioni sono fattori importanti che non vanno sottovalutati.

L'obiettivo di una dieta corretta, comunque, non è quella di perdere peso, ma di mantenere il fisico in salute.

Un fisico in salute significa anche una mente in salute.

Spesso molte diete troppo ipocaloriche, possono portarci alla depressione, e molte diete troppo caloriche possono portare alla stanchezza cronica, con ripercussioni sul lavoro, la vita sociale e anche quella sessuale.

Il nostro corpo è costituito al 90% di acqua, quindi il consumo di acqua, vegetali, cibi nutrienti e i sali minerali e le vitamine, sono fondamentali, vitali, per mantenere lo stato ottimale.

Sia la dieta mediterranea che quella macrobiotica aiuta a prevenire molti disturbi e malattie, tra cui anche il cancro.

La corretta idratazione, il movimento, una dieta bilanciata, è la prima prevenzione da rispettare per evitare l'insorgere di qualsiasi patologia.

Moderare i grassi e gli zuccheri è importante, soprattutto per coloro che conducono una vita sedentaria.

La dieta mediterranea è riconosciuta dalle grandi organizzazioni mondiali come la migliore e non è già un caso che la cucina italiana sia così famosa in tutto il mondo ed imitata ai quattro angoli del pianeta.

La dieta macrobiotica ha un approccio più olistico, fondandosi sui principi di yin e yang, come quella cinese, e si rifà alle tradizioni orientali, come quella buddista.

Una visione, perciò, dove corpo e mente non sono scisse, ma parti di una stessa realtà.

Gli antichi romani dicevano "mens sana in corpore sano", una massima universale intramontabile e che racchiude nella sua formula un'antica e preziosa saggezza.

Il cibo macrobiotico è facile acquistarlo nei negozi specializzati, e potrete usare questi ingredienti per preparare sulla riga delle classiche ricette mediterranee i vostri piatti, rendendoli ancora più completi. È perfetta per i bambini in fase di crescita.

Un'altra regola che viene osservata in macrobiotica è l'abbinamento dei cibi.

Il piatto dovrebbe sempre essere completo e,

perciò, contenere carboidrati, proteine, grassi in percentuali compatibili ed equilibrate.

In macrobiotica, cioè, non si mangia a pranzo solo la pasta o a cena solo la carne. Ma ogni piatto sarà composto con un po' di tutto. Proprio come in Cina.

La macrobiotica, e le sue abitudini, ha sdoganato molti ingredienti che erano rimasti nel dimenticatoio, soppiantati da quelli più alla portata e reperibili, per questioni di mercato, un po' ovunque. Ad esempio, la classica pasta, nulla toglie che possa essere fatta di kamut invece che di solo grano. La zuppa, non necessariamente fatta col pane, ma anche con miglio o grano saraceno, l'amaranto, e persino i fiocchi d'Avena.

Tutti gli ingredienti presenti in natura sono perciò particolari a se stessi ed ognuno di loro contiene delle proprietà peculiari, ottime per

integrare il fabbisogno energetico e vitaminico

dell'organismo e completare una dieta che sia il più equilibrata possibile e che contempli ogni materia prima disponibile sulla terra.

Anche la cottura dei cibi vedrete che sarà fondamentale. Il vapore lo è per eccellenza, ma anche friggere è un'arte e va fatto con abilità per non rendere troppo unto o pesante il piatto.

Le organizzazioni mondiali della salute consigliano e ritengono fondamentale il consumo di cibi a basso contenuto di grassi, ricchi di fibre, e un largo consumo di verdure, per scongiurare l'insorgere di patologie e, soprattutto, per prevenire il cancro. Non esistono evidenze scientifiche certe al 100%, sicuramente una dieta equilibrata e bilanciata è preferibile ad una monotematica o troppo ricca di grassi e zuccheri . L'eccesso o l'abuso di alcol e fumo è invece comprovato essere fonte di gravi patologie.

Secondo la dieta mediterranea e quella macrobiotica, il pesce provvede a fornire all'organismo l'apporto di vitamina B12, indispensabile per un buon funzionamento del fegato e delle vie epatobiliari.

Una carenza di questa può causare avversità alle pareti dello stomaco e a carico dell'intestino.

Nei vegetali, come le carote e gli spinaci, l'apporto di vitamina A è consistente; gli Omega3, che prevengono i radicali liberi, si trovano oltre che il pesce azzurro, anche nella soia, nei semi in genere, la frutta secca.

Le rivoflavine e la vitamina B è molto presente nei cereali integrali e il ferro, indispensabile per la produzione e la preservazione dei globuli rossi, si trova in buona quantità nelle lenticchie e in tutti i vegetali a foglia lunga e di colore verde, come i carciofi, oltre che nella carne.

Molte diete macrobiotiche non includono il consumo di carne, sostituito dai legumi e, in particolare, dalle lenticchie e le fibre dei cereali, presenti nella loro versione integrale. Ma su questo sono ancora aperte molte discussioni.

Nel bacino del mediterraneo, luogo ameno e dal clima ideale, la dieta è persino riconosciuta come patrimonio UNESCO con tutti i suoi prodotti.

È una dieta completa, come abbiamo anticipato pocanzi, e ricca di verdura, cereali di vario tipo, pesce, una grande scelta di formaggi, frutta e, soprattutto, l'olio di oliva extravergine, fonte di moltissime vitamine come la E e sali minerali.

Il grasso dell'olio d'oliva è preferito a tutti gli altri grassi disponibili, come quelli di natura animale, tipo il burro e gli altri tipi di oli di semi.

Le coltivazioni sono generalmente protette e

seguono norme di salvaguardia dell'ambiente e dell'animale, per cui forniscono prodotti finali al consumatore di prima qualità ed ideali per una dieta bilanciata, pulita e corretta.

Cibarsi, per le popolazioni mediterranee, è sì vitale, ma anche un piacere.

Famose, infatti, sono le sue cucine e i piatti noti in tutto il mondo, tanto che vengono imitati e riprodotti in qualunque angolo della terra.

Sulle coste del Mediterraneo si affacciano moltissime popolazioni; le loro storie, le loro religioni, e le abitudini attraverso i secoli hanno dato origini ad abitudini e tradizioni differenti, anche dovute a regimi comportamentali, igienici e religiosi che di conseguenza sono andati ad influire e a generare alimentazioni specifiche e differenti, così come particolari tra di loro.

Quando si dice "dieta mediterranea" si indica e si intende, infatti, tutte queste tradizioni e panorami culinari che molto hanno in comune, ma che ad andare a vedere da vicino, presentano infinte varianti.

Ciò che viene consumato in Spagna non sarà esattamente il piatto tipico della Sicilia che differirà a sua volta da una pietanza greca.

La gamma di gastronomie, presenti quindi nel bacino mediterraneo, sono una vasta ed eterogenea rosa di combinazioni degli stessi ingredienti, e ciò che la rende speciale è proprio questa diversità frutto della stessa biodiversità.

Dire "dieta mediterranea" non ha dunque un significato preciso, ma accumuna e raccoglie tutte queste differenze sotto la stessa bandiera geografica e raggruppa le combinazioni e la preparazione degli alimenti che spesso includono esattamente le stesse materie prime, anche se lavorate secondo processi e ricette molto diverse fra loro.

Di comune hanno il microclima, la materia prima, una tradizione linguistica e religiosa simile o comunque affine e, pensate un po', anche le stesse tendenze a contrarre le identiche malattie.

Restano studi accertati e confermati quelli sull'aspettativa di vita, tra le più alte al mondo insieme al Giappone, che riguarda queste aree.

I prodotti locali, agricoli, derivanti dalla pastorizia, le modalità di cottura e conservazione dei cibi e tutta la tradizione che ruota intorno, sono quelli che se consumati anche in ambienti differenti, fuori dall'area mediterranea, riconsegnano campioni di popolazione che beneficiano degli stessi privilegi.

Si ribadisce che l'ulivo, e quindi la produzione ed il consumo dell'olio d'oliva, è pianta in assoluto comune e uguale a tutti questi territori che si affacciano sul Mediterraneo, tradizione presente da millenni.

Spagna, Francia, Italia, Marocco, Portogallo, Tunisia, Libano, Israele, Turchia, Grecia, hanno infatti in comune la dieta e le tradizioni gastronomiche, che, benché leggermente differenti tra paese e paese, hanno in comune moltissimi prodotti e usanze.

Nella dieta mediterranea sono abbondanti quegli alimenti di origine vegetale freschi, al naturale, di stagione e soprattutto di origine locale.

Una dieta tendenzialmente priva di grassi, genuina, a km zero.

Anche l'attività fisica e lo stile di vita naturale, nel rispetto del bioritmo, ha aiutato nel corso dei secoli queste popolazioni, a raggiungere un benessere psico-fisico tra i migliori al mondo. Una dieta, perciò, semplice e non opulenta, uno stile di vita parco e sano sono evidentemente i due ingredienti indispensabili per mantenere la salute a livelli ottimali e per la prevenzione di tutti i giorni.

Il percorso per l'iscrizione della Dieta mediterranea nella Lista dei patrimoni culturali immateriali dell'umanità è stato iniziato nel 2006 dall'allora ministro dell'agricoltura Paolo De Castro con la sottoscrizione, assieme alla Spagna, di una dichiarazione congiunta presentata all'Unesco. Il 16 novembre 2010 a Nairobi, in Kenya, ad esito di un lungo e complesso negoziato durato 4 anni condotto dal professor Pier Luigi Petrillo, autore del dossier internazionale, il Comitato intergovernativo dell'Unesco ha inserito la Dieta Mediterranea nella Lista dei patrimoni culturali immateriali dell'Umanità, riconoscendo tale patrimonio appartenere a Italia, Marocco, Grecia e Spagna, è stata poi estesa a Cipro, Croazia e Portogallo.

CAPITOLO II

CENNI STORICI

Tra i primi studiosi, che cominciarono a condurre indagini sulle abitudini alimentari e che si accorsero dei differenti livelli di colesterolemia nel sangue tra le diverse popolazioni, vi furono Cornelis De Langen (1887 – 1967), medico olandese che visse in Indonesia agli inizi del '900. De Langen, si accorse che gli indonesiani avevano valori di colesterolemia molto bassi. Così intuì che fosse la dieta vegetariana a causare ciò. Notò anche che alcune malattie cardiovascolari erano praticamente inesistenti fra queste popolazioni.

Abbiamo anche avuto Isidore Snapper (1889 - 1973), un altro medico olandese, che visse in Cina intorno negli anni '30. L'infarto fra i cinesi era fatto pressoché inesistente, mentre molto più frequente lo era tra gli europei che vivevano in Cina. Intuì che il largo consumo di verdure tra gli autoctoni potesse essere la fonte di questo caso.

Uno studioso svedese, Haqvin Malmros, capì, subito dopo la seconda guerra mondiale, che la bassa mortalità per infarto in Svezia era dovuta alle ristrettezze economiche ed alimentari di quel periodo.

Una grande gastronoma inglese di nome Elizabeth David, vissuta negli anni trenta, intraprese un viaggio nel Mediterraneo col marito e poi tornò in Inghilterra. Sedotta dalla dieta mediterranea, scrisse poi un libro di successo, che colpì moltissimo i lettori inglesi che dovettero darsi da fare per reperire ingredienti che in Inghilterra erano quasi tutti ancora inesistenti: basilico, melanzane, aglio, fichi, olio d'oliva, zafferano, vino. Fu così che sdoganò in Inghilterra una moda, che cominciò ad essere anche oggetto di studi tra i nutrizionisti. Nel 1954 pubblicò persino un libro con Renato Guttuso.

La dieta mediterranea, ad ogni modo, è un modello alimentare che fu studiato per la prima volta, in maniera sistematica, dall'epidemiologo e fisiologo statunitense Ancel Keys, il quale cominciò ad osservare alcuni paesi del bacino mediterraneo negli anni cinquanta, paesi all'epoca che si trovavano in una situazione economica molto difficile e con grandi limitazione delle risorse, all'indomani della seconda guerra mondiale.

Le condizioni, unite al basso livello tecnologico, restituivano uno stile di vita semplice e che comprendeva uno sforzo fisico non indifferenti. La dieta includeva un largo consumo di frutta, verdura e legumi e pochissimi prodotti a base di grassi o di origine animale.

Ancel Keys, basandosi su queste osservazioni, scrisse un ambizioso, autentico ed originale studio epidemiologico su diverse popolazioni nel mondo.

Da questo studio, nacque il Seven Countries Study, leggendario nel campo della medicina e nell'informazione della pubblicità progresso.

Lo scopo era di confrontare popolazioni con tradizioni alimentari, stili di vita e incidenza di malattie cardiovascolari molto lontane tra loro.

I diversi modelli alimentari, identificati da Ancel Keys, mostravano un elevato consumo di grassi saturi nelle popolazioni del Nord-America e del Nord-Europa, e un consumo molto più basso nel sud Europa, specie nelle aree Mediterranee ed in Giappone.

Latte, patate, grassi animali e dolci, gli alimenti più presenti nei paesi scandinavi, carne, frutta e dolci negli Stati Uniti, in Italia invece largo era il consumo di cereali (pane, pasta) e di vino; nei Balcani, fatta eccezione per le coste dove verdura e pesce erano più frequenti, si consumava molto pane. In Grecia olio di oliva e frutta erano sempre presenti, e in Giappone il pesce, il riso e i prodotti derivati dalla soia.

Gli studi che furono condotti su tutte queste popolazioni raccolsero analisi ogni 5 anni, per alcuni decenni.

Si riuscì a dimostrare che il consumo di grassi saturi era fortemente correlato con la malattia delle coronarie e che l'apporto elevato di grassi monoinsaturi con abbondante uso di olio di oliva, tipico delle aree Mediterranee, riduceva l'incidenza e i casi di mortalità per cardiopatia ischemica.

Gli alimenti di origine animale e lo zucchero erano invece corresponsabili dell'aumento di incidenza di mortalità coronarica, mentre riducevano l'incidenza quelli di origine vegetale, il pesce; si capì che anche il consumo di alcool aumentava il rischio.

Il Mediterranean Adequacy Index, ovvero

l'indice MAI identificava, a questo punto, uno scenario dietetico tipico delle aree mediterranee che erano state approfonditamente studiate.

Il MAI era un indice numerico, una specie di punteggio che andava ad indicare l'eventuale allontanamento delle abitudini alimentari di una popolazione da quello schema ideale; il MAI è maggiore quando maggiore è la differenza a confronto con il modello mediterraneo a cui si fa riferimento.

Nel 1990, infine, l'OMS pubblicò uno studio simile a quello condotto dal Seven Countries Study e confermò i risultati sul rapporto tra dieta, nutrizione e prevenzione delle malattie. Anche la FAO appoggiò in seguito questi studi.

CAPITOLO III

LA PIRAMIDE DELLA DIETA MEDITERRANEA

Nel 1999 un gruppo di studio del Ministero della Salute della Grecia, basandosi sugli studi epidemiologici effettuati (soprattutto il Seven Countries Study) che avevano dimostrato l'efficacia della dieta mediterranea sulla longevità, elaborò uno schema dietologico pubblicandolo col nome di "Piramide della Dieta Mediterranea".

Accanto alle abitudini in cucina, lo studio includeva una regolare attività fisica giornaliera.

La piramide della dieta mediterranea comprende il consumo di 3 o 4 pasti al giorno, con un consumo di cereali giornalieri che si aggira sulle 8 porzioni, e ogni otto porzioni di cereali 3 di verdure. Il consumo di carne è limitato a quattro volte mensilmente, ridotto il consumo di alcol e utilizzato in larga parte l'olio di oliva come grasso insaturo.

La dieta mediterranea si basa sull'elevato consumo di verdura, frutta, cereali, legumi, olio extravergine di oliva come condimento e sul moderato utilizzo di prodotti di origine animale, dolci e grassi in genere; le popolazioni del bacino mediterraneo, che da sempre hanno adottato questo stile alimentare, hanno dimostrato avere livelli complessivi di benessere dell'organismo superiori a quelli delle popolazioni del nord-Europa dove, ad esempio, l'utilizzo di grassi animali e di zuccheri nella dieta è largamente diffuso.

La "Piramide Alimentare" prevede alla base gli alimenti che possono essere consumati quotidianamente.

Procedendo verso i gradini più alti della piramide sono invece riportati gli alimenti che devono essere consumati con moderazione, se non, per quanto possibile, eliminati.

Completano il quadro delle indicazioni importanti su come adottare uno stile di vita sano e quando più possibile benefico per l'organismo, come fare attività fisica, un riposo adeguato, l'uso di prodotti di stagione, il moderato consumo di alcol.

CAPITOLO IV

I VALORI NUTRIZIONALI

PROTEINE

Quasi tutti i microorganismi e le piante possono sintetizzare gli amminoacidi presenti in natura, che sono 20 in tutto, ma sia gli animali che l'uomo non possono digerirli tutti. Gli amminoacidi che l'organismo umano non può sintetizzare sono detti "amminoacidi essenziali".

Negli animali gli amminoacidi sono ottenuti con il consumo di cibi che contengono proteine. Le proteine, ingerite attraverso il cibo, sono suddivise in amminoacidi tramite la digestione, che generalmente prevede la denaturazione delle proteine nell'ambiente acido dello stomaco e l'idrolisi da parte di enzimi, che sono detti proteasi. L'impiego di proteine come fonte energetica è importante in condizioni di riposo dell'organismo, e permette di utilizzare anche le proteine dell'organismo stesso, come quelle dei muscoli.

Le proteine giocano un ruolo fondamentale all'interno della cellula e svolgono i compiti specifici che sono codificati nelle informazioni a loro volta contenute nei geni.

Possono svolgere funzione strutturale, immunitaria e di trasporto, come quello di ossigeno, dei minerali, dei lipidi e di membrana, ma anche assolvono al ruolo di identificazione dell'identità genetica, ormonale, enzimatica, contrattile, energetica.

CARBOIDRATI

Chiamati nel loro insieme, glucidi , essendo i carboidrati solo un tipo di essi, hanno numerose funzioni biologiche, tra cui quella di fonte energetica e trasporto dell'energia e quella strutturale. Giocano un ruolo fondamentale nel sistema immunitario, nella fertilità e nello sviluppo biologico.

I carboidrati sono la più comune fonte di energia negli organismi viventi, e la loro digestione richiede meno acqua di quella delle proteine o dei grassi. Le proteine e i grassi sono componenti strutturali necessari per i tessuti biologici e per le cellule, e sono anche una fonte di energia per la maggior parte degli organismi. In particolare, i monosaccaridi sono la più grande risorsa per il metabolismo.

Una dieta completamente priva di carboidrati può portare a chetosi. Il cervello ha bisogno di glucosio da cui ricavare energia: questo glucosio può essere ricavato da alcuni amminoacidi presenti nelle proteine. I carboidrati forniscono 3,75 kcal per grammo, le proteine 4 kcal per grammo, mentre i grassi forniscono 9 kcal per grammo.

La FAO (Food and Agriculture Organization) e l'OMS (Organizzazione Mondiale della Sanità) raccomandano di consumare il 55-75% dell'energia totale dai carboidrati, ma solo il 10% dagli zuccheri semplici.

GRASSI

I lipidi, dal greco λίπος, lìpos, «grasso», sono composti organici largamente diffusi in natura, e rappresentano una delle quattro principali classi di composti organici di interesse biologico, insieme a glucidi, protidi ed acidi nucleici. I lipidi rappresentano un'importante riserva energetica per animali e piante e sono in grado di liberare una grande quantità di calorie per unità di massa.

Il valore calorico di un grammo di lipidi è circa il doppio rispetto a zuccheri e proteine. Proprio per questo, sono il substrato energetico ideale per le cellule. In un uomo sano di 70 kg vi sono circa 15 kg di trigliceridi. Durante l'attività fisica i lipidi vengono utilizzati insieme ai carboidrati, fornendo l'energia necessaria per l'attività normale. In caso di attività fisica le scorte si esauriscono, si consumano i carboidrati e si comincia ad intaccare la riserva di lipidi.

Negli animali e nell'uomo, il principale utilizzo del grasso è come riserva energetica per il corpo e come isolante termico. I grassi vengono immagazzinati principalmente nel tessuto adiposo sotto forma di trigliceridi, ovvero i lipidi più semplici, ma anche quelli più abbondanti che hanno origine naturale e costituiscono i grassi animali e gli oli vegetali. Servono, soprattutto, come deposito per l'energia prodotta e immagazzinata negli animali a livello di grasso sottocutaneo e viscerale.

FIBRE

La fibra alimentare è una componente degli alimenti derivata dalle piante, non digeribile dallo stomaco e dall'intestino tenue. È invece parzialmente digeribile dal colon. La sua presenza nella dieta è fondamentale per la salute. Gran parte della fibra alimentare fa parte della classe dei carboidrati.

La fibra alimentare esercita effetti di tipo metabolico ed è un'importante componente della dieta umana. Aumenta il senso di sazietà e migliora la funzionalità intestinale. Riduce il rischio di malattie cronico-degenerative, come i tumori al colon-retto, il diabete e le malattie cardiovascolari;

contengono le sostanze inibitrici degli enzimi digestivi e, quindi, rallentano e l'assimilazione dei nutrienti. Non hanno alcun valore calorico,e riducono l'indice glicemico dei carboidrati.

VITAMINE E SALI MINERALI

Il calcio è il minerale più presente nell'organismo umano e svolge, infatti, un ruolo di primo piano nella costituzione dello scheletro umano e dei denti; combatte pertanto la propensione all'osteoporosi e alla decalcificazione; è coinvolto nel rilassamento muscolare, prevenendo crampi e contratture, nella trasmissione dell'impulso nervoso, nella coagulazione del sangue, nella pressione sanguigna e nella difesa immunitaria.

Il ferro è un minerale che svolge un'importante funzione nell'organismo umano, in quanto serve al trasporto dell'ossigeno nel sangue e nei muscoli; ciò che caratterizza il ferro non è la quantità assoluta ma la sua biodisponibilità, cioè la percentuale effettiva che il nostro organismo riesce ad assorbire e utilizzare.

Il fosforo è presente nell'organismo all'85% circa e si trova nelle ossa insieme al calcio; il restante nei tessuti molli e liquidi extracellulari dove svolge un ruolo strutturale e funzionale: è indispensabile in vari processi di produzione di energia, nel metabolismo dei grassi, dei carboidrati e delle proteine; stimola le contrazioni muscolari.

Lo iodio viene utilizzato dal nostro organismo per la sintesi degli ormoni tiroidei, importanti messaggeri biologici che regolano il metabolismo corporeo; le ultime analisi condotte a riguardo attribuirebbero allo iodio anche una funzione antiossidante secondo, in grado di proteggere l'organismo dai danni dell'ipercolesterolemia e da molte malattie cardiovascolari.

Il magnesio, come il calcio, gioca un ruolo fondamentale nella mineralizzazione delle ossa e nella regolazione della pressione sanguigna; regola, inoltre, le funzioni di alcuni enzimi, la sintesi proteica, la contrazione muscolare e la trasmissione dell'impulso nervoso.

Il manganese interviene in numerosi meccanismi biologici utili all'equilibrio complessivo della salute, come la coagulazione del sangue, l'attività tiroidea, la fertilità, il sistema immunitario, il colesterolo, la glicemia, la formazione delle ossa. Riscontri positivi si sono avuti per la profilassi di alcune affezioni, come l'epilessia, i deficit neurologici, il diabete mellito, i ritardi della crescita, l'ulcera, l'insufficienza renale, l'infarto e i tumori.

Il molibdeno è un oligominerale presente soprattutto nelle cellule del fegato, e il suo ruolo è essenziale nell'attività di alcuni enzimi specifici; favorisce infatti il metabolismo di zuccheri e grassi e svolge un ruolo nella metabolizzazione del ferro, assicurando un normale funzionamento cellulare; possiede inoltre una buona azione antiossidante.

Il potassio ha una funzione importate per il mantenimento del bilancio idrico, per la trasmissione dell'impulso nervoso e per il regolamento della contrazione muscolare; ha effetto sull'eccitabilità neuromuscolare, sul ritmo del cuore, la pressione osmotica, l'equilibrio acidobase e la ritenzione idrica.

Il rame svolge un ruolo importante nello sviluppo e nel mantenimento delle ossa, dei tessuti connettivi, del cervello, del cuore e di altri organi; facilita la formazione dei globuli rossi, l'assorbimento e il trasporto del ferro; è stato inoltre dimostrato che il rame stimola il sistema immunitario nel contrastare le infezioni batteriche e virali e aiuta a limitare gli effetti dei radicali liberi; ha, infine, capacità antiossidanti e interviene nei processi di pigmentazione e cheratinizzazione dei capelli e della cute.

Il selenio, in associazione con la vitamina E, opera come antiossidante bloccando la formazione di radicali liberi; esso, inoltre, partecipa alla protezione del sistema cardiovascolare, al rallentamento dell'anormale crescita cellulare, alla produzione di anticorpi e al rafforzamento delle difese immunitarie; svolge un ruolo fondamentale nel buon funzionamento della tiroide.

Lo zinco combatte gli effetti negativi dei radicali liberi e i processi di invecchiamento cellulare ad essi legati, stimola il sistema immunitario, facilita la rimarginazione di ferite e ulcere e ostacola la formazione dell'acne; può essere d'aiuto nella prevenzione nel trattamento della sterilità.

L'acido folico (folato – vit. B9) è fondamentale per il corretto funzionamento del cervello, si concentra nel liquido spinale ed extracellulare; importantissimo per la salute mentale ed emozionale; aumenta l'appetito, stimola la produzione di acido cloridrico che aiuta a prevenire parassiti e avvelenamenti alimentari.

La vitamina A contribuisce al buon funzionamento del meccanismo visivo, importante per l'integrità della cornea, della pelle, delle mucose e delle membrane cellulari; ha funzione antiossidante, proprietà antinfiammatorie, capacità di favorire i processi riparatori del tessuto connettivo e stimola la produzione di melanina .

Esistono diversi tipi di vitamina B: B1, B2, B3, B4, B5, B6, B12.

Appartengono tutte alla famiglia delle vitamine idrosolubile e hanno complessivamente funzioni legate al metabolismo energetico di grassi, zuccheri e glucidi; aiutano le ghiandole surrenali e il sistema immunitario.

vitamina B1

Aiuta il corretto funzionamento del sistema nervoso, del cuore e dei muscoli; partecipa alla formazione dei globuli rossi e svolge, inoltre, un'azione coadiuvante nel trattamento dell'herpes zoster.

vitamina B2

Importante per molte funzioni del metabolismo. Mantiene in buona salute le mucose respiratorie e digestive, contribuisce all'integrità del sistema nervoso, della pelle e degli occhi; utilizzata per la formazione di globuli rossi nel sangue, la produzione di anticorpi, la respirazione cellulare e la crescita.

vitamina B3

Partecipa alla salute della pelle, al buon funzionamento del sistema nervoso ed alla normale secrezione di fluidi biliari; potenzia la memoria e sembra essere efficace anche nel trattamento degli stati di ansia; migliora la circolazione e riduce i livelli di colesterolo nel sangue.

vitamina B5

Per il corretto funzionamento delle ghiandole

surrenali e del sistema nervoso, è essenziale per l'utilizzazione di altre vitamine, e le si attribuisce un ruolo nella prevenzione di stati depressivi; promuove la crescita e lo sviluppo e favorisce l'utilizzazione energetica degli alimenti; associata alle altre vitamine del complesso B ha effetti positivi sul sistema immunitario.

vitamina B6

E' necessaria per il corretto funzionamento di alcune funzioni cerebrali, per l'integrità del sistema nervoso e per la sintesi della serotonina che migliora il tono dell'umore, è utile in alcune forme di anemia; sono stati dimostrati effetti positivi anche sulla sindrome premestruale.

vitamina B12

E' idrosolubile, agisce sulla sintesi del DNA, contribuendo al regolare funzionamento del metabolismo; in particolare ha effetti positivi sulla salute del cervello e del sistema nervoso, promuovendo la crescita e lo sviluppo delle cellule, ed è necessaria alla formazione dei globuli rossi.

La vitamina C possiede un'importante azione antiossidante; grazie alla sua azione positiva sulla sintesi di collagene, è in grado di irrobustire i vasi sanguigni, aiuta la guarigione delle ferite e delle fratture ossee e mantiene sani i denti e le gengive; ha un blando effetto antistaminico e riduce i sintomi delle malattie da raffreddamento e migliora la funzione respiratoria.

La vitamina D, definita anche vitamina antirachitica, poiché la sua eventuale carenza potrebbe portare nei bambini a forme di rachitismo e negli adulti, a osteomalacia (dolori alle ossa e ai muscoli, debolezza muscolare, fragilità delle ossa); riveste un ruolo essenziale nella mineralizzazione ossea e migliora l'assorbimento del calcio e del fosforo nell'intestino tenue.

La vitamina E è nota, soprattutto, per le sue proprietà antiossidanti, grazie alle quali contrasta i processi di invecchiamento cellulare, ed è per questo sfruttata anche in molti prodotti di bellezza; la vitamina E è coinvolta nello sviluppo delle difese immunitarie, nella trasmissione di segnali tra le cellule e in alcuni processi metabolici.

La vitamina H è una vitamina idrosolubile che partecipa alla formazione degli acidi grassi e agevola il metabolismo degli aminoacidi e dei carboidrati; partecipa al buon funzionamento del midollo osseo ed alla salute della pelle e dei capelli.

La vitamina K è caratterizzata da proprietà antiemorragiche, è coinvolta nei processi di coagulazione del sangue poiché fornisce al fegato le sostanze necessarie a produrre i fattori della sua coagulazione.

SCHEDE PRODOTTI TIPICI DEL MEDITERRANEO

Qui di seguito alcune schede di prodotti tipici del Mediterraneo, con i rispettivi apporti nutritivi, affinché vi facciate un'idea su cosa questi alimenti possano contenere e quando e come siano davvero indicati.

OLIO D'OLIVA

Ottenuto dalla spremitura a freddo delle olive nel periodo autunnale, l'olio di olive è ricco di vitamine e sali minerali e di un elevato apporto di grassi monoinsaturi.

L'olio di oliva possiede delle capacità benefiche. Presenta alcune sostanze antiossidanti, come i fenoli (tra cui l'idrossitirosolo e l'oleuropeina), i carotenoidi e tocoferoli (tra cui la vitamina E o α-tocoferolo).

Nota: si trovano in prevalenza nell'olio extra vergine di oliva.

Valore Apporto % sul fabbisogno giornaliero

Valore energetico (calorie) 884   kcal

Proteine   0   g

Carboidrati   0   g

zuccheri   0   g

Grassi 100   g

saturi   13,808   g

monoinsaturi 72,961   g

polinsaturi   10,523   g

colesterolo   0   mg

sali minerali:

Sodio 2 mg

Calcio 1 mg

Ferro 0,56 mg

Potassio 1 mg

Sodio 2 mg

Colina 0,3 mg

Betaina 0,1 mg

vitamine:

Vitamina B12 0 µg

Vitamina E 14,35 mg 143,5 % RDA

Beta-tocoferolo 0,11 mg

Gamma-tocoferolo 0,83 mg

Vitamina K 60,2 µg 86 % RDA

POMODORO

I pomodori sono noti per le loro proprietà antitumorali e antiossidanti; ricchi di vitamine e sali minerali, curano la gotta, l'astenia, I reumatismi, l'uremia, l'ipertensione, la nefrite, la stitichezza. Facilitano la digestione e placano le infiammazioni di stomaco e intestino.

Valore Apporto % sul fabbisogno giornaliero

Valore energetico 17 kcal / 72 kj

Acqua 94,2 g

Carboidrati 2,8 g

Zuccheri 2,8 g

Proteine 1,2 g

Grassi 0,2 g

Colesterolo 0 g

Fibra totale 1 g

Sali minerali:

Sodio 3 mg

Potassio 290 mg

Ferro 0,4 mg

Calcio 11 mg

Fosforo 26 mg

Vitamine:

Vitamina B1 0,03 mg

Vitamina B2 0,03 mg

Vitamina B3 0,7 mg

Vitamina A 42 µg

Vitamina C 21 mg

PASTA

Ottima per il necessario apporto di carboidrati, da consumarsi accompagnata da carne, pesce e verdure, in modo da ottimizzare la dieta e renderla completa.

Valore Apporto % sul fabbisogno giornaliero

Valore energetico (calorie) 371   kcal

Proteine   13,04 g

Carboidrati   74,67 g

zuccheri   2,67   g

Grassi 1,51   g

saturi   0,277 g

monoinsaturi 0,171 g

polinsaturi   0,564 g

colesterolo 0   mg

Fibra alimentare   3,2   g

Sodio 6   mg

Sali minerali:

Calcio 21   mg

Ferro 1,3   mg

Magnesio   53   mg

Fosforo   189   mg

Potassio   223   mg

Sodio 6   mg

Zinco 1,41   mg

Rame 0,289 mg

Manganese 0,917 mg

Selenio   63,2 µg

Vitamine:

Vitamina C (acido ascorbico)   0   mg

vitamina B1   0,09   mg   6,4 %

vitamina B2   0,06   mg   3,8 %

vitamina B3 o PP   1,7   mg   9,4 %

vitamina B5   0,431   mg   7,2 %

vitamina B6   0,142   mg   7,1 %

Folati   18   µg

Folati alimentari   18   µg

Folati (DFE)   18   µg   9 % RDA

Vitamina B120   µg

Vitamina E   0,11   mg   1,1 % RDA

Beta-tocoferolo   0,05   mg

Gamma-tocoferolo   0,88   mg

Vitamina K   0,1   µg   0,1 % RDA

CARNE DI CAPRETTO

Consistenza tenera, sapore tipico, deciso e particolarmente sapido.

Valore Apporto % sul fabbisogno giornaliero

Valore energetico 122 kcal 6,1%

Grassi 5 g 7,1%

di cui:

acidi grassi saturi 1,5 g 7,7%

acidi grassi monoinsaturi 2,2 g 11,2%

acidi grassi polinsaturi 0,4 g 2,3%

Proteine 19,2 g 38,4%

Sale 0,2 g 3,4%

sali minerali:

calcio 9 mg 1,1%

ferro 1 mg 7,1%

fosforo 220 mg 31,4%

iodio 6 mg 4%

magnesio 22 mg 5,9%

potassio 385 mg 19,3%

selenio 2 µg 3,6%

zinco 2 mg 20%

vitamine:

acido pantotenico 0,9 mg 15,3%

biotina 2 µg 4%

folato 5 µg 2,5%

vitamina B 10,3 mg 22,7%

vitamina B 20,1 mg 7,1%

vitamina B3 5,7 mg 35,6 %

vitamina B6 0,3 mg 21,4%

vitamina B12 1,1 μg 18,3%

RICOTTA DI PECORA

Pasta sierosa, adesiva, morbida e delicata, di colore bianco/bianco avorio; di sapore delicato.

Valore Apporto % sul fabbisogno giornaliero

Valore energetico 157 kcal 7,9%

Grassi 11,5 g 16,4%

di cui:

acidi grassi saturi 7,4 g 36,8%

acidi grassi monoinsaturi 2,5 g 12,5%

acidi polinsaturi 0,7 g 4,3%

Carboidrati 4,2 g 1,6%

di cui:

zuccheri 4,2 g 4,7%

Proteine 9,5 g 19%

Sale 0,2g 3,5%

sali minerali:

calcio 166 mg 20,8%

ferro 0,3 mg 2,1%

fosforo 153 mg 21,9%

iodio 4 mg 2,7%

magnesio 15 mg 4%

potassio 98 mg 4,9%

selenio 3,9 µg 7,1%

vitamine:

biotina 2,5 µg 5%

folato 12 µg 6%

vitamina A 230µg 28,8%

vitamina B12 0,3µg 5%

RICOTTA SALATA

Pasta sierosa, compatta, di colore bianco avorio; di sapore via via più sapido con il progredire della stagionatura.

Valore Apporto % sul fabbisogno giornaliero

Valore energetico 178 kcal 8,9%

Grassi 14,3 g 20,4%

di cui:

acidi grassi saturi 9,1 g 45,5%

acidi grassi monoinsaturi 3,9 g 19,3%

acidi polinsaturi 0,5 g 2,9%

Carboidrati 0,5 g 0,2%

Proteine 11,9 g 23,8%

Sale 2,5 g 41,2%

sali minerali:

calcio 396 mg 49,5%

ferro 1,2 mg 8,6%

fosforo 240 mg 34,3%

iodio 14 µg 9,3%

magnesio 29 mg 7,7%

potassio 96 mg 4,8%

selenio 9,2 µg 16,7%

zinco 3,1 mg 31,2%

vitamine:

biotina 1,5 µg 3%

folato 7 µg 3,5%

vitamina A 158 µg 19,8%

vitamina B12 1,1 µg 18,3%

BROCCOLI

I broccoli sono un vegetale di colore verde, dal sapore fresco, neutro e dolce, contengono una sostanza denominata il sulforafano che interviene bloccando i processi degenerativi tumorali delle cellule; hanno elevate proprietà

antiossidanti ed aiutano a rafforzare le difese immunitarie.

Valore Apporto % sul fabbisogno giornaliero

Valore energetico 30,5 kcal 1,5%

Grassi 0,4 g 0,6%

Carboidrati 4,9 g 1,9%

di cui:

zuccheri 2,4 g 2,7%

Proteine 2,9 g 5,8%

Sale 0,1g 1,6%

sali minerali:

calcio 37,5 mg 4,7%

ferro 0,8 mg 5,5%

fosforo 66 mg 9,4%

magnesio 21 mg 5,6%

potassio 328mg 16,4%

selenio 2,5 µg 4,5%

zinco 0,5 mg 5,1%

vitamine:

folato 97,5 µg 48,8%

vitamina A 2 µg 0,3%

vitamina B 31,2 mg 7,6%

vitamina C 71,6 mg 89,5%

vitamina K 101,6 μg 135,5%

CICORIA

La cicoria selvatica è nota per le sue virtù antianemiche, toniche, diuretiche, lassative, depurative e rimineralizzanti. agli inizi della primavera.

La cicoria contiene l'inulina, sostanza che ha la proprietà principale di favorire lo sviluppo di batteri utili nell'intestino (azione prebiotica) con conseguente riduzione dell'incidenza di tumori intestinali.

Valore Apporto % sul fabbisogno giornaliero

Valore energetico 16,5 kcal 0,8%

Grassi 0,3 g 0,4%

Carboidrati 2,7 g 1%

di cui:

zuccheri 0,7 g 0,8%

Proteine 1,6 g 3,1%

sali minerali:

calcio 87 mg 10,9%

ferro 0,8 mg 5,7%

fosforo 39 mg 5,6%

magnesio 30 mg 8%

potassio 328mg 16,4%

vitamine:

acido pantotenico 1,2 mg 19,3%

folato 63 µg 31,5%

vitamina A 259,5 µg 32,4%

vitamina C 16,3 mg 20,4%

vitamina E 2,3 mg 18,8%

vitamina K 297,6 µg 396,8%

CARCIOFI

I carciofi sono un alimento strettamente tipico del Mediterraneo e contengono un elevato apporto di calcio, fosforo, magnesio e potassio.

Valore Apporto % sul fabbisogno giornaliero

Valore energetico 30,3 kcal 1,5%

Carboidrati 5,2 g 2%

di cui:

zuccheri 1,4 g 1,6%

Proteine 2,9 g 5,8%

sali minerali:

calcio 72 mg 9%

ferro 1,1 mg 7,8%

fosforo 74,7 mg 10,7%

magnesio 52,5 mg 14%

potassio 374 mg 18,7%

vitamine:

folato 68 µg 34%

vitamina A 18 µg 2,3%

vitamina C 11,9 mg 14,9%

vitamina K 14,8 µg 19,7%

FAGIOLI

Un tempo i fagioli, consumati in abbinamento ai cereali più comuni quali pasta e pane, erano considerati la «carne dei poveri» per il loro basso costo e l'elevato potere nutritivo. Dal punto di vista nutrizionale e salutistico, i fagioli, come gli altri legumi, sono molto proteici e ricchi di fibre; contengono inoltre la lecitina, una sostanza che favorisce l'emulsione dei grassi evitandone l'accumulo nel sangue ed ha, quindi, un'azione benefica contro l'insorgenza del colesterolo.

Valore Apporto % sul fabbisogno giornaliero

Valore energetico 311 kcal 15,6%

Grassi 2,5 g 3,6%

Carboidrati 51,7 g 19,9%

di cui:

zuccheri 4 g 4,4%

Proteine 23,6 g 47,2%

Fibre 17 g 68,8%

sali minerali:

calcio 137 mg 17,1%

ferro 6,7 mg 47,9%

fosforo 437 mg 62,4%

potassio 1445 mg 72,3%

zinco 3,4mg 34%

vitamine:

folato 130 µg 65%

vitamina A 3 µg 0,4%

vitamina B 32,3 mg 4,2%

vitamina C 3 mg 3,8%

vitamina E 0,9 mg 7,8%

vitamina K 297,6 µg 396,8%

FIORI DI ZUCCA

Dal punto di vista nutrizionale sono molto diuretici, rinfrescanti ed altamente digeribili.

Valore Apporto % sul fabbisogno giornaliero

Valore energetico 12 kcal 0,6%

Grassi 0,4 g 0,6%

Carboidrati 0,5 g 0,2%

Proteine 1,7 g 3,4%

sali minerali:

calcio 39 mg 4,9%

ferro 2 mg 14,3%

fosforo 37 mg 5,3%

potassio 203 mg 10,2%

vitamine:

folato 69 μg 34,5%

vitamina A 14 μg 1,8%

vitamina B 38,2 mg 51,1%

vitamina C 21 mg 26,3%

vitamina E 2,7 mg 22,7%

PEPERONI

Dal sapore da leggermente a molto piccante, l'odore forte e persistente e il colore rosso maturo o verde, i peperoni contengono molta vit. C, dalle ben note proprietà antiossidanti, antivirali. La presenza di fibre, comune anche alle altre verdure, rendono il prodotto adatto nelle diete dimagranti, in quanto favorisce il senso di sazietà; il potassio e il carotene, infine, gli conferiscono proprietà diuretiche.

Valore Apporto % sul fabbisogno giornaliero

Valore energetico 28 kcal 1,4%

Grassi 0,3 g 0,4%

Carboidrati 5,9 g 2,3%

di cui:

zuccheri 5,8 g 6,4%

Proteine 0,9 g 1,8%

Fibre 0,9 g 3,6%

sali minerali:

calcio 17 mg 2,1%

ferro 0,7 mg 5%

fosforo 28 mg 4%

potassio 117 mg 5,9%

vitamine:

folato 22 µg 11%

vitamina A 281,5 µg 35,2%

vitamina C 158,5 mg 198,1%

ACCIUGHE

La denominazione «Acciuga» o «Alice» identifica il pesce appartenente alla famiglia degli Engraulidae e pescato su tutte le coste del Medierraneo.

Le acciughe o alici si pescano in particolare da marzo a settembre, periodo questo durante il quale esse raggiungono la maturità sessuale e dimensioni corporee tra 12 e 20 centimetri. I metodi di pesca maggiormente utilizzati sono con rete a strascico, da posta, o con rete da circuizione, calata superficialmente a diversa profondità fra la superficie e il fondo delle secche sabbiose. In alternativa, è possibile pescarle con il metodo tradizionale della lampara.

È considerato pesce azzurro, insieme al merluzzo, lo sgombro e le sarde.

Come tutto il pesce azzurro, il prodotto presenta ottime proprietà nutrizionali, è ricco di acidi grassi omega-tre che svolgono effetti benefici sul cuore e la circolazione, abbassando i livelli di colesterolo; sono grassi che non vengono prodotti dal nostro organismo e che possiamo acquisire attraverso l'alimentazione (ecco perché viene consigliata l'assunzione di pesce azzurro almeno 2 volte alla settimana). Contengono poi numerosi Sali minerali (rame, selenio, fosforo, iodio) e vitamine (del gruppo B e D). Recenti studi hanno attestato che 20 grammi di pesce azzurro in più ogni settimana possono ridurre il rischio di patologie cardiovascolari.

Valore Apporto % sul fabbisogno giornaliero

Valore energetico 96 kcal 4,8%

Grassi 2,6 g 3,7%

di cui:

acidi grassi saturi 1,3 g 6,5%

Carboidrati 1,5 g 0,6%

di cui:

zuccheri 1,5 g 1,7%

Proteine 16,8 g 33,6%

sali minerali:

calcio 148 mg 18,5%

ferro 2,8 mg 20%

fosforo 196 mg 28%

iodio 29 µg 19,3%

magnesio 22 mg 5,9%

potassio 278 mg 13,9%

rame 1 mg 100%

selenio 37 µg 67,3%

zinco 4,2 mg 42%

vitamine:

biotina 6 μg 12%

folato 9 μg 4,5%

vitamina A 32μg 4%

vitamina B 314 mg 87,5%

vitamina D 11 μg 220%

ACCIUGHE SALATE

La denominazione «Acciughe o alici salate» è il nome attribuito alla conserva ittica ottenuta dalla lavorazione delle alici o acciughe fresche, appartenenti alla famiglia degli Engraulidae.

Le acciughe o alici, preventivamente private della testa e delle interiora, vengono poste in salamoia dentro recipienti di materiale idoneo all'uso alimentare. Le acciughe, quindi, dopo essere state lavate in acqua e sale, sono adagiate a strati all'interno di recipienti, su ognuno dei quali viene messo del sale grosso. Dopo una settimana, durante la quale il pesce elimina acqua e grassi, i recipienti vengono pressati al fine di favorire l'eliminazione dei rimanenti grassi in eccesso, che la salamoia, quotidianamente aggiunta, porta in superficie. Ultimata la spurgatura, i recipienti vengono chiusi ermeticamente prima di essere avviati alla commercializzazione.

Sono la conserva ittica per eccellenza, realizzata da tempi immemorabili per conservare il prodotto più a lungo nel tempo.

Gli antichi romani ottenevano dalla conservazione delle acciughe una salsa liquida chiamata garum, un liquido salato a base delle interiora del pesce, utilizzato per condire e dare sapore a moltissimi piatti.

Sotto l'aspetto nutrizionale, le acciughe salate, come tutto il pesce azzurro in genere, presenta ottime proprietà nutrizionali, ed è infatti ricco di acidi grassi, omega-tre che svolgono effetti benefici sul cuore e la circolazione abbassando i livelli di colesterolo; sono grassi che non vengono prodotti dal nostro organismo e che possiamo acquisire attraverso l'alimentazione, ecco perché viene consigliata l'assunzione di pesce azzurro almeno 2 volte alla settimana.

Valore Apporto % sul fabbisogno giornaliero

Valore energetico 207,3 kcal 10,4%

Grassi 10,8 g 15,4%

di cui:

acidi grassi saturi 2,2 g 11%

acidi grassi monoinsaturi 5 g 24,9%

acidi grassi polinsaturi 2,4 g 15%

Proteine 26,9 g 53,8%

Sale 10,8 g 179,5%

sali minerali:

calcio 106,7 mg 13,3%

ferro 2,4 mg 17,2%

fosforo 318 mg 45,4%

iodio 23 µg 15,3%

magnesio 69 mg 18,4%

potassio 648 mg 32,4%

selenio 68,1 µg 123,7%

zinco 2,3 mg 23,2%

vitamine:

Acido pantotenico 0,9 mg 15,2%

Biotina 5 µg 10%

Folato 10,5 µg 5,3%

vitamina A 42,7 µg 5,3%

vitamina B 311 mg 68,5%

vitamina D 5,9 µg 117,3%

vitamina E 1,8 mg 15,2%

vitamina K 12,1 µg 16,1%

PESCE SPADA

La denominazione «Pesce spada» identifica il pesce, nella sua unica specie, della famiglia degli Xiphiidae. Il pesce spada si pesca in particolare da maggio ad agosto.

Il corpo è di colore scuro sul dorso, argenteo con riflessi violacei sui fianchi e tendente al bianco sul ventre, di forma allungata, quasi ad imitare quella degli squali. L'aspetto è caratterizzato dalla presenza dell'inconfondibile "spada".

Il pesce spada presenta una carne ricca di proteine e con pochi grassi, ed è anche un'ottima fonte di vitamine del gruppo B, fosforo e selenio.

Valore Apporto % sul fabbisogno giornaliero

Valore energetico 109 kcal 5,5%

Grassi 4,2 g 6%

di cui:

acidi grassi saturi 1,2 g 5,8%

acidi grassi monoinsaturi 1,6 g 8,1%

acidi grassi polinsaturi 1 g 6%

Carboidrati 1 g 0,4%

di cui

zuccheri 1 g 1,1%

Proteine 16,9 g 33,8%

sali minerali:

calcio 4 mg 0,5%

fosforo 263 mg 37,6%

iodio 29 µg 19,3%

magnesio 27 mg 7,2%

potassio 288 mg 14,4%

selenio 48 μg 87,3%

vitamine:

biotina 6 μg 12%

folato 2 μg 1%

vitamina A 36 μg 4,5%

vitamina B 33,3 mg 20,6%

vitamina B 122 μg 33,3%

vitamina C 1 mg 1,3%

vitamina D 11 μg 220%

FINOCCHIETTO SELVATICO

Il finocchietto selvatico cresce spontaneamente in luoghi soleggiati, incolti, secchi e ciottolosi, nelle zone erbose, ai piedi dei muretti a secco e sui margini delle strade di campagna. I frutti si raccolgono, generalmente, da settembre fino alla fine di ottobre. Dal sapore piccante, l'odore aromatico dolce ed intenso.

L'utilizzo del finocchio, pianta tipica del bacino mediterraneo, era ben diffuso ai tempi dei Greci e degli antichi Romani. Plinio (23-79 d.C.) sosteneva che il finocchio avesse proprietà benefiche per la vista perché i serpenti, dopo aver cambiato pelle, si andavano a sfregare contro la pianta per riacquisire le capacità visive.

Valore Apporto % sul fabbisogno giornaliero

Valore energetico 294,5 kcal 14,7%

Grassi 14,9 g 21,3%

di cui

acidi grassi saturi 0,5 g 2,4%

acidi grassi monoinsaturi 9,9 g 49,6%

acidi polinsaturi 1,7 g 10,6%

Carboidrati 32,4 g 12,5%

Proteine 15,8 g 31,6%

Fibre 39,8 g 159,2%

sali minerali:

calcio 1198 mg 149,8%

ferro 15,4 mg 110,1%

fosforo 498,5 mg 71,2%

magnesio 385 mg 102,7%

manganese 6,5 mg 326,5%

potassio 1677mg 83,9%

rame 1,1 mg 10,6%

zinco 3,7 mg 37%

vitamine:

vitamina A 14 μg 1,8%

vitamina B 38,2 mg 51,1%

vitamina C 21 mg 26,3%

vitamina E 2,7 mg 22,7%

ORIGANO

L'origano selvatico viene raccolto a piccoli mazzi all'inizio del periodo della fioritura, che va da luglio a settembre. Gli steli di origano vengono essiccati all'ombra per favorire una graduale perdita dell'umidità in eccesso, e quindi battuti per favorire la separazione delle foglie e dei fiori.

La denominazione «Origano selvatico» viene attribuito alla pianta aromatica appartenente alla specie Heracleoticum del genere Origanum della Famiglia delle Labiate.

Ha numerose proprietà terapeutiche e i suoi infusi sono consigliati in caso di tosse, emicranie e disturbi digestivi.

Il prodotto trova largo impiego nella gastronomia mediterranea per aromatizzare molteplici piatti a base di carni crude e cotte, formaggi, conserve a base di olive, insalate di pomodori e sughi.

Valore Apporto % sul fabbisogno giornaliero

Valore energetico 293,5 kcal 14,7%

Grassi 7,3 g 10,4%

di cui:

acidi grassi saturi 2,1 g 10,6%

acidi grassi polinsaturi 3,3 g 20,7%

Carboidrati 59,2 g 22,8%

di cui:

zuccheri 4,1 g 4,5%

Fibre 42,7 g 170,6%

Proteine 10 g 20%

sali minerali:

calcio 1588,5 mg 198,6%

ferro 40,4 mg 288,6%

fosforo 174 mg 24,9%

magnesio 270 mg 72%

manganese 5 mg 249,5%

potassio 1465 μg 73,3%

selenio 4,5 μg 8,2%

zinco 3,5 mg 35,5%

vitamine:

folato 237 μg 118,5%

vitamina A 690 μg 86,3%

vitamina B 35,4 mg 33,9%

vitamina B 61,1 mg 80,5%

vitamina C 2,3 mg 2,9%

vitamina E 10 mg 83,1%

vitamina K 621,7 µg 828,9%

CAPITOLO V

GLI ALIMENTI TIPICI DELLA DIETA MEDITERRANEA

Gli agrumi, l'olio di oliva, la pasta, il pomodoro, gli aromi tipici, l'aglio, il basilico, il mirto, l'origano, il peperoncino, il rosmarino, alcune varietà di pesce, molti formaggi freschi o stagionati: sono tutti ingredienti tipici del mediterraneo.

Alcuni di loro originano dall'India, dalla Cina e dall'Estremo Oriente.

L'OLIO

Sull'olio d'oliva si racconta che i contadini greci non mangiassero niente prima di andare al lavoro nei campi, ma che qualcuno pareva bevesse un bicchiere di olio d'oliva appena sveglio al mattino.

La cardiopatia coronarica era ed è ancora rara nel Mediterraneo orientale e l'età media molto alta, presentando una popolazione assai longeva.

Gli acidi grassi monoinsaturi derivano non solo dall'olio d'oliva, ma anche da altri oli vegetali, come l'olio di girasole, di arachidi, di avocado, e persino da altri prodotti animali, come carni e uova. È stato dimostrato che l'assunzione di grassi monoinsaturi, attraverso il consumo di olio d'oliva, è strettamente legata ad una forte diminuzione della mortalità per patologie cardiovascolari, come l'ictus.

L'ulivo è una pianta originaria del bacino mediterraneo, già coltivato in quest'area più di cinquemila anni fa, e l'olio, ricavato dai suoi frutti, è il condimento tipico di tutte queste aree: il 95% degli uliveti sono concentrati proprio nei Paesi affacciati sul Mediterraneo.

La qualità del prodotto dipende da diversi fattori: la varietà delle olive, il clima, il terreno, il grado di maturazione, il sistema di raccolta e il metodo di spremitura. La raccolta dei frutti avviene tra novembre e febbraio, secondo la varietà e la zona di produzione, e deve essere effettuata quando le olive hanno raggiunto la giusta maturazione: se sono ancora acerbe oppure troppo mature alterano inevitabilmente l'equilibrio aromatico del prodotto finale di olio d'oliva.

I metodi di raccolta migliori sono quelli manuali, che può essere effettuata con il cesto o con il telo disposto sotto la pianta, e la raccolta con il pettine (che viene passato sui rami senza danneggiarli). La battitura per mezzo di bracci meccanici tendono a rovinare i rami.

Il processo di estrazione dell'olio si compone di tre fasi: la frangitura (con frantumazione della polpa e del nocciolo), la gramolatura (ossia il rimescolamento della pasta di oliva) e l'estrazione dell'olio. Il sistema tipico di estrazione è quello per pressione a freddo.

In base all'acidità e al trattamento, l'olio di oliva è classificato dalla legislazione italiana in:

olio vergine, con un'acidità variabile da una quantità inferiore all'1% (olio extravergine di oliva) al 2% circa (olio vergine di oliva) e con caratteristiche organolettiche assolutamente irreprensibili;

olio di oliva, costituito da una miscela di olio vergine e olio di oliva rettificato con un'acidità massima dell'1,5%; la legge non stabilisce in quali percentuali devono essere miscelati i due componenti.

Gli oli vergini sono il frutto della semplice spremitura delle olive, mentre l'olio di oliva è ottenuto attraverso diverse manipolazioni che ne diminuiscono notevolmente le qualità organolettiche. Il tempo di conservazione è fissato per legge in due anni, ma sarebbe opportuno consumare l'olio entro un anno dalla sua produzione.

In base alla provenienza e al tipo di lavorazione, gli oli hanno sapori e colori differenti. Gli oli vergini sono quelli più aromatici e fruttati, e quelli dell'Italia settentrionale sono generalmente delicati e chiari e risultano, quindi, adatti per condire insalate e pesci e per la cottura, mentre quelli dell'Italia centro-meridionale hanno colore e sapore più intensi e sono utilizzati per condire.

LA PASTA

I cereali integrali, consumati come con il comune pane di frumento integrale.

Svolgono un ruolo protettivo sui fattori di rischio della cardiopatia ischemica, come il diabete mellito di tipo 2, i livelli di colesterolo totale e LDL, l'ipertensione, l'obesità, il livello di infiammazione sistemica, e su alcuni tumori (tipicamente quello al colon-rettale). Sembra, però, che l'alimentazione con cereali raffinati, come le farine bianche o tipo 00, non abbia un effetto particolare sulle malattie croniche.

Alcuni ritengono che sia buona regola mantenere alla base della piramide alimentare mediterranea solo i cereali integrali, ricchi di fibre e a basso indice glicemico, come la pasta, la pizza, il couscous, il pane integrale, il riso bruno, ed evitare, portando in alto della piramide i cereali privi di fibre, le patate e gli altri amidi ad elevato indice glicemico, come pasta e riso bianco.

La pasta secca di semola è davvero un simbolo e la più alta espressione tradizionale della cucina italiana. Gli ingredienti di base delle paste secche sono la semola e l'acqua.

Proprio l'idratazione della glutenina e della gliadina, presenti nel cereale, formano il glutine, causa di intolleranza per molti.

Il glutine è la struttura portante della pasta e trattiene i granuli di amido nel reticolo che si viene a formare. La pasta è lavorata a lungo, perché possa acquistare maggiore consistenza e plasticità.

Si passa poi alla trafilatura: la pasta viene cioè spinta verso la "trafila", per la formazione dei vari formati e il taglio finale. Le trafile possono essere di due tipi:

in bronzo, dove il prodotto ottenuto ha una

superficie ruvida, opaca e più chiara che assorbe meglio il condimento, oppure ricoperte in teflon, dove la pasta ottenuta risulta di un giallo scuro, più brillante e più liscia.

Dopo essere stata tagliata, la pasta passa al processo di essiccamento: quando esce dalla trafila ha un'umidità del 30% che deve essere ridotta al 12,5%. L'essiccamento avviene per mezzo di aria calda (50 °C) o caldissima (75-80 °C), alternando periodi di riposo.

Per salvaguardare la qualità e la tipicità della pasta italiana, la legislazione vieta l'utilizzo di farina di grano tenero nella produzione di pasta industriale, cosa che non avviene all'estero.

È un ottimo alimento, se consumato senza troppo condimento.

Fornisce 356 kcal per 100 g, è ricca di amido, ha un contenuto proteico equivalente al 10,8%, tra le vitamine ci sono quelle del gruppo B ed è , però, carente di alcuni aminoacidi essenziali, assenza quasi di grassi.

IL POMODORO

Il pomodoro ha origine dall'America. Venne importato nel 1544 e considerato pianta ornamentale per due secoli, prima di venire utilizzato come cibo commestibile.

Il pomodoro appartiene alla famiglia delle Solanacee, come i peperoni e le patate. Ne esistono moltissime varietà.

Dal punto di vista nutrizionale, il pomodoro ha un contenuto notevole di vitamina C e di licopene, un prezioso antiossidante della famiglia dei carotenoidi.

LE CARNI

Nella dieta mediterranea la carne, insieme alla verdure, l'olio d'oliva e la pasta, è un alimento essenziale e sempre presente. Si prediligono, al fine di mantenere un livello ottimale della propria dieta, le carni bianche (pollo, tacchino, vitello), ma anche quella rossa (come il manzo). Il loro apporto nutritivo, riguarda sostanzialmente il ferro e la vitamina B12. La carne, infatti, favorisce la formazione dei globuli rossi e aiuta il sistema nervoso a funzionare correttamente. E' ricca di sali minerali, come il selenio, il rame e lo zinco. Studi scientifici consigliano un consumo di carne settimanale, pari a 500 grammi. Meglio se cotta ai ferri, arrosto, bollita, evitando condimenti pesanti.

Vicino alla carne, esistono anche le carni secche e gli insaccati. Il prosciutto cotto, ad esempio, sono ottimi apportatori di valori nutrizionali, da non sottovalutare. La carne di maiale, al contrario di quanto comunemente si pensa, presenta una percentuale di colesterolo bassa. Meglio il taglio magro, come il filetto la lombata (indicata per arrosti, stufati e scaloppine) o l'arista (per gli arrosti).

Il prosciutto cotto è fonte di ferro e proteine, ed è ottimo per i bambini in fase di crescita.

Il prosciutto crudo è facilmente digeribile, indicato per le persone in età avanzata.

I FORMAGGI

I latticini, nella dieta mediterranea, rientrano nello spettro che completa una dieta equilibrata. Si dovrebbero consumare quantità pari a 125 ml di latte o di yogurt, senza eccedere.

Per ciò che riguarda il formaggio stagionato, la quantità giornaliera consigliata è di massimo 50 g o 100 g, invece, se si tratta di formaggio fresco, per un massimo di 2 volte alla settimana.

I formaggi, in generale, sono fonte di proteine e, quindi, ricchi di amminoacidi essenziali.

Contengono una quantità di grassi saturi, che si pensa siano nemici di coloro che sono in dieta dimagrante.

In realtà, un pochino di formaggio aiuta l'organismo a funzionare correttamente.

Il colesterolo, ad esempio, aiuta le nostre membrane cellulari ed è utile per la sintesi di diversi ormoni.

Un problema lo potrebbe costituire il lattosio, per coloro che ne risultano intolleranti.

L'intolleranza in questione riguarda una particolare carenza enzimatica, facilmente identificabile attraverso test specifici.

Il lattosio che non viene digerito si dirige nel colon, comincia a fermentare dai batteri della flora intestinale, producendo gas e richiedendo acqua.

In Italia, sono circa il 35% della popolazione a soffrire di questa intolleranza.

IL VINO

Il vino: è sempre cosa buona e giusta consumarlo con parsimonia.

Certo che dovrebbe essere evitato quando questo possa mettere a rischio la persona e anche il resto della comunità. Da evitare assolutamente in gravidanza e, certamente, prima di mettersi alla guida.

Si deve perciò bere consapevolmente.

La quantità moderata di consumo di vino e alcolici, in genere, è stata codificata nella Piramide della Dieta mediterranea come uno o due bicchieri al giorno.

Non tutti sono d'accordo su tali benefici. È noto l'aumento di incidenza di cancro del seno nelle consumatrici donne di alcolici. Il rischio di cirrosi epatica per il consumo eccessivo e i problemi legati all'alcolismo sono rischiosi, soprattutto in determinati contesti sociali.

GLI AGRUMI

Gli agrumi e le varie specie sono giunte in Europa in tempi diversi. Forse il primo è stato il cedro, già conosciuto presso i Romani come il "pomo di Persia". Si dice che i Romani conoscessero già nel primo secolo anche il limone e l'arancio amaro, ma che la loro coltivazione sia stata introdotta dai Saraceni nel Mediterraneo nel X secolo d.C.

La coltivazione dell'arancio dolce, che noi tutti conosciamo e che consumiamo prevalentemente d'inverno in spremuto o gustandone il frutto a spicchi, in insalata, o per aromatizzare dolci e altre vivande, è stato introdotto dai Portoghesi, popolo di navigatori che possedevano molte colonie, nel XVI secolo; i navigatori portoghesi vennero a conoscenza delle arance grazie alla Cina. In Cina, le arance venivano coltivate sin dall'antichità, e si crede che nella prima metà del XVI secolo siano giunte qui fino a noi in Europa.

AGLIO

L'aglio appartiene alla famiglia delle Liliacee e presenta un profumo e un sapore davvero intensi, i quali si addolciscono solo dopo la cottura.

Si consiglia di cuocere sempre l'aglio e di rosolarlo a fiamma moderato, può bruciare facilmente; molte ricette prevedono l'utilizzo dell'aglio "in camicia", che significa con la buccia. Aiuta a renderlo più digeribile, e l'aroma degli spicchi utilizzati in cottura rendono il piatto più leggero e delicato.

Considerata una panacea, è dotato di eccellenti virtù curative: è un potente antisettico, aiuta ad abbassare la pressione arteriosa, contrasta l'insorgere della trombosi rendendo il sangue più fluido.

L'aglio ha proprietà davvero potenti e, secondo

molte leggende e tradizioni, guarisce da quasi tutto. Aiuta la vista e si dice faccia concepire figli intelligenti. Rafforza le ossa, aiuta a curare la tosse, la secchezza della pelle; previene le malattie cardiache e quelle croniche, come l'asma.

È infatti noto che, in caso di assenza di medicinali, come in guerra, l'aglio sia stato sempre molto usato come potente antibiotico, per curare malattie da freddo, la febbre, la polmonite, la bronchite, e altri tipi di influenza.

È facilmente assimilabile dall'organismo e uno spicchio è sufficiente per curare il raffreddore.

Lo stesso aglio ha proprietà antisettiche e viene usato per "disinfettare" il cibo. Può essere assunto fresco, in polvere, sott'olio, e in India è persino utilizzato per molti preparati medicamentosi.

Se consumato in eccesso, può aumentare, però, le tossine nel corpo.

BASILICO

Basilico significa "erba del re".

Le varietà più famose del mediterraneo provengono dalla Liguria, dalla Campania e dalla Grecia. Secondo la tradizione, il basilico non deve essere mai tagliato, ma spezzato con le mani. Deve essere consumato fresco, a crudo, non cotto. È perfetto per ridurre l'acidità del pomodoro, e molto nota è la salsa al pesto alla genovese.

MIRTO

È un arbusto, sempreverde, diffuso nelle regioni costiere del Mediterraneo, fa parte della così denominata "macchia mediterranea". Diffuso soprattutto in Sardegna, dove se ne ricava un liquore molto profumato e le cui bacche vengono utilizzate per aromatizzare molte pietanze, tra cui quella tipica del maialino da latte arrosto. Se ne utilizzano di solito le foglie, che appaiono coriacee, color verde brillante, e le bacche, di un colore violaceo scuro ed estremamente profumate ed aromatiche, ricche di oli essenziali.

ORIGANO

Pianta a cespuglio ramificato con piccole foglie ovali e ruvide, sapore persistente, acre ed intenso, ma molto fresco e gradevole. Viene usato, soprattutto, per aromatizzare le pizze, le salse, e per condire il pomodoro, ma anche i fagioli, le melanzane, le zucchine e persino i formaggi. Si usa fresco o essiccato.

PEPERONCINO

Esistono una quantità di peperoncini notevoli, di diversa varietà, per forma, colore e sapore.

Quello più famoso è quella di Cayenna, estremamente piccante.

I peperoncini si possono consumare freschi o secchi, interi o in polvere.

Le parti piccanti sono i semi.

Il peperoncino favorisce la digestione, è diaforetico e provoca un processo di ipersalivazione, oltre ad essere un eccellente vasodilatatore.

ROSMARINO

Arbusto a cespuglio che rientra a far parte della "macchia mediterranea".

Dall'aroma amaro leggermente, un po' canforato. Si utilizzano i rametti e le foglie, fresche o essiccate. Ottimo per insaporire la carne, le patate, pane e focacce.

CAPITOLO VI

LA PITA MEDITERRANEA ED ORIENTALE

La pita (in greco πίτα, in albanese pite, in ebraico פִּתָּה o פיתה, in arabo كماج, in turco pide) è un pane piatto, lievitato, rotondo, prodotto con la farina di grano.

Comune e tradizionale nelle cucine del Medio Oriente e del Mediterraneo, è presente da millenni, in tutta la fascia che va dal Nord Africa all'Afghanistan.

Alcuni lo chiamano pane arabo o greco.

Il termine "pita" non è antico, ma risale alla seconda metà del Novecento, in riferimento al pane consumato dalle popolazioni balcaniche, e soprattutto da quelle greche.

Molti ritengono che l'origine della parola dal greco moderno stia ad indicare una "torta", oppure un "dolce", o più semplicemente "pane", che sembra derivi da un altro termine greco antico "pēktos" cioè "denso".

La maggior parte degli studiosi sono sempre stati indotti a pensare che "pita" derivasse dall'ebraico פת (pat), che significa "pagnotta" o "boccone", dove la parola "pita" sarebbe molto più antica in quel senso ed esiste come פיתא, nel Talmud babilonese, in aramaico, riferendosi al pane in generale.

Anche in rumeno arcaico, esiste la parola pită", che significa pane.

Persino nel nostro dialetto ritroviamo idiomi affini con la parola pita, come il romagnolo "pìda" e quindi "piada", piadina, la cui origine risale ai tempi dei bizantini, e la parola calabrese "pitta", un pane bianco, piccolo, schiacciato, cotto al forno.

La pita, generalmente, viene utilizzata staccandone un pezzo e tenuto tra le tre dita, pollice, indice e medio, della mano destra per raccogliere il sugo dal piatto sin dall'antichità e, come detto, è presente sulla tavola di moltissime popolazioni, dal Marocco fino all'India, passando per il Mediterraneo e il Medio Oriente.

La pita viene utilizzata e mangiata anche farcita.

Si può infatti aprire a metà, come una piccola tasca, e ci si può introdurre al suo interno, le verdure, le carni e le salse. Molto comuni nei ristoranti e fast food egiziani, libanesi, turchi e greci, dove viene inserito al suo interno il kebab, ovvero carne o di agnello o di pollo, fatta cuocere lentamente sul gyros, un grande spiedo verticale.

In Turchia, troviamo anche il lahmacun.

L'impasto viene lavorato a forma di barchetta e poi riempito di carne, verdura, uovo, e viene cotto in forno.

Nei paesi balcani, come in Bulgaria, la pita viene consumata per i banchetti speciali, come i matrimoni o le feste in genere. Vengono servite con miele e sale, e spesso è inserita al suo interno, di buon auspicio, una monetina. Il fortunato sarà chi riesce a trovarla.

La pita libanese non ha forma a disco, ma ovale.

IL PANE FRANCESE

La baguette, etimologicamente "bacchetta", è un pane lievitato a forma allungata, tipico della tavola francese e simbolo della sua tradizione alimentare. È molto profumato, croccante e spesso viene consumata con burro e prosciutto cotto.

Misura 5 o 6 cm di larghezza e 3 o 4 cm di altezza, lunga circa 65 centimetri e con un peso di circa 250 grammi. Ne esistono di più piccole, usate per fare i classici panini, ripieni di formaggio fresco o pâté.

La baguette origina da un tipo di pane tipico della Vienna del XIX secolo. In quel periodo si utilizzavano i forni a vapore, che permettevano la formazione in superficie di una crosta croccante; veniva incisa, in modo obliquo per tutta la sua lunghezza, così come ancora si fa oggi per le baguettes. Negli anni '20 arriva in

Francia e cominciò ad entrare di moda, perché la sua lavorazione semplice e veloce, molto di più di una pagnotta rotonda che richiede anche più tempo di cottura, incontrò il favore di ristoratori e albergatori.

IL PANE IN SPAGNA

In Italia verrebbe definita "focaccia", a causa della sua forma schiacciata e rettangolare, e viene chiamata "coca". Si possono trovare dolci, ma anche salate. Se salata, assomiglierà più alla nostra pizza, poiché viene farcita con i pomodori o le cipolle, il pesce, e viene condita con olio, sale, pepe. Quella dolce viene preparata con l'aggiunta di pasta di mandorle e generalmente si consuma per le feste. La coca viene spesso associata alla pizza, di cui viene considerata l'equivalente catalano. La versione catalana è fra le più note, prevede la farcitura di carne, pesce e verdure; esiste poi la coca di San Juan, che è dolce. Anche in Andorra ne esiste un tipo dolce, con anice e cognac.

La parola "coca" significa proprio cucinare, dallo spagnolo coquer.

IL PANE IN ITALIA

Il pane per noi italiani è l'alimento di cui nessuno di noi può fare a meno, e con il quale ognuno di noi è cresciuto, dal profumo dei fornai alle varianti tipiche di ogni regione e località. Il pane in Italia è un culto che non si può scindere dal resto della cultura.

Anche se la storia del pane, come abbiamo visto con quello della pita, ha comunque origini antichissime, babilonesi ed egiziane, durante il corso dei secoli e dei millenni, il pane ha assunto forme, cotture, impiego di farine diverse, che hanno poi reso sui banchi dei nostri fornai quella grande quantità di pani diversi che ogni giorno scegliamo e acquistiamo per la nostra tavola.

Molto nutriente, ottimo carboidrato, profumato, in Italia di pane ne esiste per tutti i gusti, persino per i celiaci.

Nell'era paleolitica, era uso schiacciare i chicchi di cereali con le pietre, ottenendo così una farina che veniva poi mischiata con l'acqua. Veniva indurito al sole, e fu con i romani e sul sorgere del Medio Evo che il pane entrò davvero nella comune abitudine e divenne l'alimento base della dieta dei popoli.

Roma commerciava pane, diventando dunque un importante elemento di scambio per i commerci.

Nacquero allora i fornai, le botteghe del pane, venivano costruiti molti mulini in prossimità e sulle rive dei fiumi, si cominciò a tramandare il lavoro e l'attività diventò un vero affare di famiglia.

Il frumento divenne tra le coltivazioni principali e simbolo di vita delle comunità. Più pane si mangiava, più si era ricchi, divenne così un simbolo sociale col passare del tempo.

Nel Medio Evo, erano i monasteri a detenere il

potere sui panifici, e i nobili potevano autonomamente fare il pane in casa, costringendo i contadini ad utilizzare i loro forni per l' uso personale.

Nel Rinascimento molte cose cambiarono.

L'avvento dei mestieri e degli artigiani, la libertà e l'indipendenza economica del singolo, fece sì che il mugnaio, il panettiere, potessero produrre e vendere per sé stessi, senza dover render conto a nobili e clero. È in questo periodo che si cominciò a fare uso del lievito di birra, per rendere il pane più soffice, aiutando così la lievitazione.

Si cominciò anche a sbizzarrirsi, unendo all'impasto erbe aromatiche o farciture particolari.

Certamente, le differenze sociali continuarono ad esistere, e più il pane era elaborato, più costava. Il panettiere o fornaio produceva pane per il re, ma anche per il semplice contadino.

Durante la peste e la conseguente carestia, il popolo assalì varie volte i fornai, essendo ormai l'alimento base per eccellenza.

Con la rivoluzione industriale nel XVIII secolo, e l'introduzione dei primi macchinari, il pane cominciò ad essere prodotto da impastatrici artificiali, e questo permise certamente di produrne in maggiore quantità e di abbassare i prezzi. I problemi non terminarono però. Nel XIX secolo furono le tasse che stroncarono la popolazione più povera. La farina aumentò quindi di prezzo a causa della tassa sul macinato, e anche questo provocò serie rivolte tra la popolazione più debole.

In Italia esistono, oggi, più di duecento tipi di pane con variazioni particolari da regione a regione, da provincia a provincia, da comune a comune: in Toscana il pane si prepara senza sale e anche in alcune altre zone dell'Italia centrale, come Umbria e Marche; la rosetta è tipica del Lazio, la pitta della Calabria, esiste poi il pane di Altamura in Puglia, il pane di grano nel Salento, il carasau sardo, il pane di Matera, quello di Genzano, i grissini torinesi, e tantissimi altri.

IL PANE DI ALTAMURA

Il pane di Altamura viene preparato, ad esempio, impiegando semole di grano duro differenti e miscelate, grano che viene coltivato proprio in quei territori e in nessuna altra parte d'Italia.

In passato, nell'Alta Murgia, esistevano i forni pubblici, e le donne erano solite portare l'impasto per farlo cuocere insieme agli altri. Un bellissimo rituale che purtroppo è andato perduto. Certo che presentava un problema, questa cottura comune; al fine di non confondere le pagnotte tra loro, sulla superficie venivano così incise le iniziali con un timbro di ferro, e le donne potevano così ritirare il loro pane senza confonderlo con quello della vicina.

Uno dei piatti più tipici, che ritroviamo spesso nella cucina italiana, sono le zuppe di pane solitamente condite con olio di oliva e sale.

La ribollita Toscana, la pappa al pomodoro, la panzanella, sono tutti piatti che per altro prevedono l'utilizzo del pane raffermo, ad indicare che nelle case più umili nulla venga sprecato, nemmeno il pane ormai indurito.

Il pane di Altamura viene comunque, ancora oggi, cotto nei tradizionali forni a legno (viene utilizzata prevalentemente legna di faggio o Castagno) e in pietra, e non si può confondere con nessun altro pane presente sul territorio italiano. Presenta una crosta particolarmente croccante e la mollica soffice di colore più giallo che del classico bianco. Ce ne sono di due forme: la prima si chiama in dialetto «U sckuanéte» (pane accavallato), è alta, a treccia, l'altra più bassa, in dialetto «a cappidde del padre de simone» (a cappello di prete), una vera e propria pagnotta bella sostanziosa.

I grani duri, che vengono utilizzati per la miscela di semola nel pane di Altamura, sono delle varietà «appulo», «arcangelo», «duilio» e «simeto» tutte prodotte localmente.

Questo pane si produce secondo l'antico metodo, cioè con il lievito madre o pasta acida, sale marino e acqua.

IL PANE DI GENZANO

Il pane di Genzano, prodotto IGP, viene prodotto esclusivamente del comune di Genzano (Genzano di Roma), in Provincia di Roma, nella regione Lazio.

Presenta una crosta di colore scuro, una mollica di colore bianco-avorio e un profumo che ricorda quello del grano autentico e dei granai.

Ne esistono poi varie forme, da quella a filone, ovvero allungato e rotondo, tipo baguette, alla classica pagnotta.

Ogni pagnotta, o filone di pane casareccio di Genzano IGP, riporta sempre il suo bollino identificativo che dice "Pane casareccio di Genzano - Indicazione geografica protetta Garantito dal Mi.P.A.A.F. ai sensi dell'Art. 10 del Reg. CE 510/2006" oltre al codice del produttore autorizzato, il numero progressivo di produzione, e il logo comunitario dei prodotti IGP.

Il bollino viene applicato sulla forma prima che questa venga infornata, senza dunque l'utilizzo di colle speciali.

Il pane casareccio di Genzano IGP ha un'antichissima tradizione popolare. Nel comune di Genzano (vicino Roma), il pane veniva lavorato e cotto in speciali forni a legna chiamati "soccie".

Era certamente compito delle donne, fin dall'antichità, di prepararlo e portarlo a cuocere nei forni pubblici, e come accadeva ad Altamura, sul pane venivano incise le iniziali per poterlo poi riconoscere una volta sfornato.

Pensate che poesia in quei tempi ormai lontani, quando al mattino dai forni si diffondeva l'odore di legna di Castagno e di pane fresco appena sfornato.

Questo pane divenne particolarmente famoso, grazie poi agli apprezzamenti del Papa, che ne elogiò le caratteristiche e che da quel momento cominciò ad ordinarlo per sé in via del tutto speciale.

Ormai prodotto tipico, è facile trovarlo anche presso i fornai di quasi tutta Roma, che lo ordinano per la loro clientela.

Per il pane casareccio di Genzano IGP, si utilizza il lievito madre e, quindi, la lievitazione naturale.

Il pane di Genzano è così particolare, soprattutto per la seconda fase di lievitazione di circa 40 minuti, a cui viene sottoposto.

Anche la forma gioca un ruolo importante al fine di ottenere le caratteristiche peculiari: la mollica resta spugnosa e soffice, con alveoli irregolari e non particolarmente grossi.

IL PANE TOSCANO

Il Pane Toscano DOP è una tipologia di pane tipica della regione Toscana, riconosciuta con il marchio di denominazione di origine protetta. Famoso per non contenere sale, risulta non troppo sipido e dal sapore più acidulo degli altri comuni pani con il sale.

Non è l'unica zona d'Italia in cui si produce pane senza sale; anche in Umbria, nella Tuscia Viterbese, nelle Marche, e in qualche zona della Romagna, il pane viene anche prodotto senza sale.

La leggenda vuole che, a causa dei cattivi rapporti tra pisani e fiorentini e una disputa mercantile, il sale non arrivi mai a destinazione dal porto a Firenze. Fu così che i fiorentini si fecero beffa del dispetto e cominciarono a produrre il pane comunque e senza sale.

Fu Dante Alighieri, nel XVII canto del Paradiso della Divina Commedia, a narrare di messer Cacciaguida, il quale profetizzò allo stesso sommo poeta Dante il futuro esilio, ricordandogli la sventura a cui sarebbe dovuto andare incontro, ovvero di mangiare quel pane salato prodotto altrove.

La tradizione del pane senza sale perdurerà per tutto il Cinquecento, il Seicento ed il Settecento, e molto viene raccontato in quel periodo su questo pane, particolarmente acidulo, lievitato naturalmente nella apposita madia casalinga.

Per tutto il secolo XIX, i contadini non poterono certo fare a meno del pane, principale alimento e base di tutto, e si continuò a produrlo come da tradizione, senza il sale.

Il sale aveva comunque un costo, e quindi i più poveri contadini non si posero la questione di cambiare le loro ormai secolari tradizioni alimentari.

Certo è che la grande varietà di insaccati presente in queste zone, che sono molto salate, si accompagnano perfettamente con un pane sciocco.

Anche qui troviamo tantissime forme: il classico filone, alto ed allungato, i Panini, o filoncini più sottili, tipo baguettes.

La farina è sempre di grano tenero e presenta una crosta friabile, croccante, riconoscibile per il suo colore appena scuro e non lucido.

Famosi sono i crostini di pane toscano, che grazie alla sua caratteristica di esser sciocco, si presta perfettamente per essere spalmato di pate di fegatini di pollo o altre farciture più saporite.

PANE DI MATERA

Il pane di Matera, ottenuto con un antico metodo di lavorazione, è prodotto tipico di Matera.

Il pane di Matera ha un'antica tradizione che ci porta indietro durante il periodo del Regno di Napoli.

Ottenuto da miscela di semole di grano dure, tipiche ed autoctone, questo pane non solo è diventato il simbolo di Matera in Italia e nel mondo, ma ci racconta di antiche tradizioni contadine che sempre sono rimaste affezionate a questa usanza e gli antichi metodi.

Vi è un rito particolare, detto "dei tre tagli impressi", ovvero tre incisioni praticate con il coltello sulla superficie; questi tre tagli, rappresentavano la Santissima Trinità; le famiglie dimostravano così, con questo gesto, una profonda devozione con cui ringraziavano Dio e chiedevano la benedizione a tavola.

Il pane di Matera ha ottenuto importanti premi, ma quello più conosciuto è quello a forma di pagnotta e non a forma di cornetto, tipicamente materano.

Il pane di Matera, per essere denominato tale, risponde alle seguenti caratteristiche: forma a cornetto (o pagnotta, come detto), peso di 1 o 2kg la pagnotta, crosta dallo spessore di 3 mm, mollica gialla e alveolata.

Le semole, come abbiamo anticipato pocanzi, sono ottenute dai grani locali, come quelle vecchie varietà coltivate nel territorio della provincia di Matera, come Cappelli, Duro Lucano, Capeiti, e Appulo.

LA MICHETTA MILANESE

La michetta, detta anche stellina, è un tipo di pane "soffiato", ovvero friabile e vuoto al suo interno.

Si consuma a panino, cioè farcito, con prosciutto o formaggio, ricorda la rosetta romana e ha questa forma rotonda, con un cappellino centrale.

Tipico in Lombardia e immancabile nei fornai di Milano, la michetta risale al XVIII secolo, quando ancora i macchinari e le impastatrici non si erano diffuse ovunque.

Un panino simile, il Kaisersemmel, fu introdotto dall'impero austroungarico nella regione lombarda, ma non ottenne grande successo, perché alla sera si seccava subito e non era più buono per il giorno dopo.

Fu così che di necessità virtù, con la tecnica

del "soffiato", il panino venne svuotato della sua mollica potendo rimanere così più friabile e meno incline a seccarsi.

"Michetta" o "mica", o "micca", significa briciola; questi panini erano, e sono ancora, piccoli, come dei bocconcini, da due o tre morsi.

La pasta viene fatta lievitare e fermentare, mescolando la farina con l'acqua e aggiungendo il malto; viene fatto riposare per 16 ore circa, a seconda della stagione e dell'umidità ambientale.

Lievitata la pasta, questa viene suddivisa in pezzi più piccoli e poi "puntati", cioè si lasciano lievitare ancora un po' per una mezz'ora.

Si procede così a spezzare la pasta in porzioni ancora più piccole, a forma di esagono, che diventeranno le michette.

Oggi tutto questo non avviene più

manualmente, ma con l'ausilio di impastatrici e macchinari per il taglio.

I GRISSINI TORINESI

Il grissino, tipico piemontese e chiamato in dialetto "ghërsin", è uno dei più celebri e diffusi prodotti della gastronomia torinese, nonché uno dei più noti della cucina italiana all'estero. Grazie alla sua facile conservazione, ne esistono oggi anche di confezionati, presenti su tutte le tavole dei ristoranti, come snack di accompagnamento agli antipasti, accanto al pane fresco.

"Ghërsa", significa allungato.

Il grissino deve la sua invenzione a Lanzo Torinese, un piccolo comune della periferia torinese. Sul finire del XVII secolo, il fornaio di corte Antonio Brunero, secondo ciò che gli fu riferito e consigliato dal medico lanzese Teobaldo Pecchio, mise a punto un nuovo impasto e sperimentò una nuova cottura della biga. questo alimento per poter nutrire il futuro re.

Questo perché il re non digeriva la mollica! Fu così che I grissini divennero famosi e apprezzatissimi dal re.

La sua tradizione restò invariata anche nei periodo successivo, e si dice che anche Napoleone Bonaparte li adorasse, tanto da organizzarne il trasporto tra Torino e la Francia, perché i grissini fossero anche là disponibili.

La pasta è la solita del pane comune, acqua, farina e lievito, con una differenza: la forma e la cottura, che lo rende una fine crosta.

Ne esistono di varie forme, la più famosa a torino è il robatà, in piemontese "caduto" (o anche "rotolato"), che può raggiungere la lunghezza di 40 fino agli 80 cm.

Il robatà è più nodoso, non liscio, come quello

che tutti voi conoscerete confezionati, che viene chiamato invece "grissino stirato". Il "grissino stirato" è di invenzione più recente rispetto al robatà, che è sottoposto ad una lavorazione manuale differente, ovvero non schiacciato sul piano, ma teso da un capo all'altro del piano di lavoro per renderlo ancora più fine e croccante.

Oggi la lavorazione manuale è pressoché scomparsa e si utilizzano, soprattutto per la produzione in larga scala, le impastatrici e altri macchinari.

I grissini possono essere aromatizzati, con spezie o erbe e sono perfetti come spuntino da sgranocchiare in attesa del piatto, oppure per gustare formaggi freschi o piccoli aperitivi.

IL PANE CARASAU

Il pane carasau, detto anche nelle varie sfumature del dialetto sardo "pane carasatu", "pane carasadu", "pane fine", "pane 'e fresa e pane fattu in fresa", è tipico e diffuso in tutta la Sardegna.

Si presenta come un largo disco, molto sottile e estremamente croccante, come un grande cracker, perfetto per poter essere consumato anche i giorni successivi, mantenendosi fresco e piacevole anche dopo molti giorni dalla sua preparazione.

Il verbo sardo "carasare" significa tostare. Il pane carasau viene, infatti, rimesso nel forno e subisce una seconda cottura, che lo rende asciutto e molto friabile, estremamente croccante.

A nord, nelle zone della Barbagia, come a

Ovodda e Gavoi, presenta una forma più rettangolare e più piccola, "pane 'e fresa"; in Ogliastra si chiama pistocul, e non è fine come l'altro.

Chi fuori dalla Sardegna avrà avuto il piacere di assaggiare il pane carasau, lo avrà trovato sotto altro nome, ovvero "carta musica", ma il termine tradizionale resta "pane carasau", ormai anche ufficiale da qualche anno.

Gli ingredienti sono la semola di grano duro, l'acqua il lievito e il sale.

Si possono trovare delle varianti che prevedono l'impiego di semole integrali, o di crusca nell'impasto.

La cottura, in sardo "Sa Cotta", indica tutto il metodo di preparazione, che ancora viene eseguito all'antica.

Sa Cotta prevede varie fasi:

S'inthurta, ovvero l'impastamento degli

ingredienti prima dell'alba. Si impasta la semola con l'acqua tiepida e l'aggiunta di lievito, in quella che noi chiameremmo madia, ma che in sardo può essere chiamata "scivu", "lacu", "lachedda", o "tianu", cioè con l'impasto dentro una conca di terracotta.

Secondo come poi sarà cotto l'impasto, si otterranno vari tipi di pane carasau, come abbiamo accennato pocanzi.

Cariare o hariare, è la seconda fase.

L'impasto viene preso e posto sul tavolo per continuare ad essere lavorato. Il tavolo, in sardo, si dice "sa mesa".

Si procede con lo schiacciare l'impasto sulla mesa, riavvolgendo il tutto e ricominciando daccapo, per vari passaggi. Questo permetterà all'impasto in fase di cottura di formare, mentre è dentro il forno, gli strati friabili tipici di questo pane. Più si spiana e si riavvolge e ancora si spiana, più il pane carasau sarà friabile e si conserverà a lungo. Le donne sarde sono note per essere dotate di pazienza, ma anche di grande forza. Non è facile lavorare la pasta con questo metodo e richiede molta dedizione.

Pesare significa alzare, e si tratta della terza fase della Sa Cotta.

L'impasto, così lavorato e pronto, raggiunta la consistenza ideale, viene adagiato in conche di terracotta o di sughero, ipiche sarde (che vengono utilizzate spesso anche con altri scopi, ad esempio per far riposare la fregola sarda, una specie di grosso cous cous) e viene così fatto riposare.

Dopo "l'alzata", segue la fase dell'Orire, del sestare, cioè del taglio, dello sporzionamento.

Si controlla il punto di lievitazione dell'impasto e si procede con il taglio. L'impasto viene preso e suddiviso in parti più piccole, infarinate e adagiate in canestri detti còrvulas o canisteddas, dopo che sono stati avvolti in un telo di lana o di lino, in modo da mantenere un po' di calore e permettere all'impasto di lievitare un altro po'.

Nella fase di Illadare, si prende un mattarello, si posa l'impasto sul piano di lavoro e si comincia con la seconda manipolazione.

Si usano tutte le mani, le dita, i polpastrelli, e ci si aiuta con il mattarello per schiacciare l'impasto il più possibile, fino ad ottenere l'altezza giusta, che dovrà risultare uno strato abbastanza sottile.

Si ricomincia poi con la fase delle piegature, quindi una volta schiacciata, si ripiega e si ripassa il mattarello, e questo più volte, poiché, come detto, è proprio questo accorgimento che renderà il pane carasau friabile e croccante.

A questo punto, nel "su pannu de ispica" o "tiaza" vengono adagiate fino a venti tundas (ovvero questi strati prodotti dalla lavorazione) e trasportati verso il forno per la cottura.

Cochere, significa "cuocere".

Si scalda il forno lasciando bruciare legna di ulivo o quercia, si "inchendia de su furru".

I grandi dischi di pasta vengono infornati dopo che il forno ha raggiunto temperature molto elevate, fino a 500 °C; si mettono su un lato le braci e, come per fare la pizza, si introduce il disco da cuocere.

Da dentro il forno, si comincerà a vedere gonfiarsi il disco, poiché l'aria calda andrà a gonfiarlo fino a spaccarlo e facendo separare tra loro i vari strati, proprio come un grande cracker.

Quando il pane è cotto, viene sfornato.

A questo punto, che i vari strati risultano staccati, si procede con il dividerli, e questo processo viene chiamato "fresare" o "calpire".

È un gesto che va compiuto con una certa velocità, altrimenti il pane rischia di ammosciarsi o di riattaccarsi fra di loro a causa del calore umido che ancora evapora dal disco; è ritenuta essere una vera e propria arte.

I dischi pronti si presentano ruvidi su una parte e più lisci dall'altra. Questi dischi, in questa fase, sono chiamati "pizos", ovvero "pezzi".

L'ultima fase è quella della "carasatura".

I pizos vengono in sostanza rimessi in forno per la croccatura finale.

Ne usciranno rigidi, croccanti e friabili.

Vengono impilati l'uno sull'altro e deposti nelle ceste che si tengono solitamente con una pressa al di sopra, per mantenere sotto pressione "I fogli".

Il pane carasau è molto leggero, digeribilissimo, e viene utilizzato così al naturale al posto del pane, oppure per preparare piatti più fantasiosi.

Perfetto per essere consumato con salumi e formaggi saporiti, può essere umidificato e bagnato con sughi e salse, grazie alle sue proprietà assorbenti.

Il pane carasau, bagnato con olio, viene chiamato pane gutiau.

Su pane fratau, è invece il carasau che viene bagnato velocemente in brodo di pecora, per poi servito sul piatto, a strati, versando il sugo tra uno strato e l'altro. Si finisce di preparare questa pietanza con una grattata di pecorino sardo e c'è chi aggiunge anche un uovo in camicia.

CONCLUSIONE

Qui a seguire, una lista di tutti i pani tipici italiani, regione per regione.

BASILICATA

Carchiola

Fresella

Pane di Matera

Pane di patata

Pane di Trecchina

Pane Nero

Petulla

Piccidat

Pizza a "scannatur" di Carbone

Pizza rustica

Cazzola

Strazzata

Taralli

CALABRIA

Crispelle salate, Crispeddhe

Crostini di grano

Frese bianche

Frese integrali

Frise al peperoncino

Frese

Lestopitta

Pane al miele di Cerzeto

Pane casereccio

Pane con la giuggiulena

Pane di Cutro

Pane di Pellegrina

Pane di segale di Canolo

Pitta

Pitta collura

Scaldatelle

Taralli bianchi

Taralli morbidi

Tarallini ai semi di anice

Tarallini ai semi di finocchio

Tarallini al peperoncino

CAMPANIA

Marsigliese

Muffletto di Caposele

'Nfrennula

Pane del Camaldoli

Pane di Baiano

Pane di Calitri

Pane di iurmano

Pane di Montecalvo Irpino

Pane di Padula

Pane di Saragolla

Pane di Villaricca

Pane di San Sebastiano

Paniedd' r' sirino

Scaldatelle

Taralli bolliti

Taraddi con finocchio

Taralli intrecciati

Tarallini al vino

Tarallo all'uovo

Tarallo con le mandorle

Tarallo cu ll'ove

Tarallo di Agerola

Tarallo di San Lorenzello

Tarallo Roscianese

Tarallo sugna e pepe

Tarallucci al naspro

Pagnotta di Santa Chiara

Panuozzo

Pizza con ricotta

Pizza di farinella bacolese

Pizza gialla

Pizza di scarola

Pizza figliata, Serpentone

Pizza migliazza cu li frittole

Pizza napoletana verace artigianale

Pizza roce caggianese

Pizza sulla liscia

Scanata del Sannio

Pizza chiena

EMILIA-ROMAGNA

Bizulà

Carsent

Cherscènta frètta

Cherseinta sotto le braci

Ciaccio Ciacc

Piadina

Crescentine

Crescioni, Guscioni, Cassoni, Carsôn, Gussun, Cursôn

Focaccia con siccioli

Gnocco fritto di Modena

Gnocco al forno

Pane a lievitazione naturale

Pane casareccio, Pan casalen

Pane di Castrocaro

Pane schiacciato, batäro

Piada coi ciccioli

Piadina della Madonna del Fuoco

Piadina fritta, pié fretta

Piadina

Spianata, Schiacciata, S-ciazêda, Spianeta, Scaciata, Scacigna

Sprelle, Spreli

Sulada

Tigela modenese

Tirotta con cipolla, Tiratta ala zivola

Focaccia con cipolle

FRIULI VENEZIA GIULIA

Grissino di Resiutta

Pan di Sorc

Biga Servolana

Grispolenta

Cornetto Istriano

Pane Rosetta

LAZIO

Cacchiarelle

Ciambella all'olio

Ciriola romana

Falia

Filone sciapo

Pamparito di Vignanello

Pane cafone

Pane casareccio di Genzano

Pane casereccio di Lariano

Pane casareccio di Lugnola

Pane casareccio di Montelibretti

Pane con le olive bianche e nere

Pane con le patate

Pane di Canale Monterano

Pane di Veroli

Pane integrale al forno a legna

Panini all'olio

Salavatici di Roviano

Taralli

Tisichelle viterbesi

Pane pizza bianca

LIGURIA

Ciappe

Farinata bianca

Focaccia

Focaccia con pellette d'oliva di Albisola

Focaccia Genovese

Pane crescente

Pane casereccio Val Bormida

Pane di patate di Pignone

Pan de 'patate

Pane di Triora

Pane Tirotto

LOMBARDIA

Carcent

Michetta

Miccone

Pan da cool

Pan di segale

Pan meìno

Pane comune

Pane di pasta dura

Pane di riso

Pane giallo

Pane mistura

Schiacciatina

Tirot   focaccia con cipolle

Tiròt di Felonica

MARCHE

Cresciafo

Crescia brusca, Spianata, Cacciannanzi

Crescia fogliata, Crescia fojata, Lu Rocciu

Pane di Chiaserna

Sughetti

Tacconi

Ungaracci Ungarucci

Crostoli del Montefeltro

Crescia sotto la cenere

Torta coi ovi

Chichiripieno, Chichì

Pizza con le noci

MOLISE

Friselle

Pane casareccio

Pigna

Taralli con seme di finocchio

Soffio

PIEMONTE

Grissino stirato

Rubatà

Biova

Campagnola buschese

Crasanzin o Crescianzin

Focaccia novese

Miacce, Miasse, Miasce, Amiasc

Miche di Cuneo

Pan barbarià

Pane di Chianocco

Pane di mais di Novara

Pane di riso di Novara

Pan robi

Pane nero di Coimo

Tupunin

PUGLIA

Cazzateddhra di Nardò cazzateddhra cu lu pepe

Cazzateddhra di Surbo

Cuddhura,Cuddhura cu l'oe, Palomba, Palummeddhra, Panareddhra, Puddhica cu l'oe

Cuturusciu

Focaccia a libro di Sammichele di Bari

Focaccia barese

Frisella secca

Pane Altamura

Pane di Ascoli Satriano

Pane di grano duro

Pane di Monte Sant'Angelo, "li panett"

Pane di Santeramo in Colle

PaneDiLaterza

Pane tradizionale dell'alta Murgia

Pittule cu li fiuri ti cucuzza

Passulate di Nardò,Pucce con li pàssule, Passuliate

Piscialetta, Piscialletta

Pucce,Uliate

Puccia con le olive nere

Puddhriche

Sceblasti piccante

Taralli

Taralli neri con vincotto

Tarallo all'uovo

Tarallo al vino

Tarallo dell'Immacolata

pizza Paposcia di Vico del Gargano, Pizza schett, Pizza a vamp, Paposcia

Pizza di grano d'india

Pizza sette sfoglie di Cerignola

Pizza sfoglia e scannatedda

Pizzelle

Scèblasti, Ascèplasti

Calzone di Ischitella

Farrata di Manfredonia, A farréte

Focaccia di San Giuseppe di Gravina

Mpilla

Pirilla

SARDEGNA

Civraxiu

Pane votivo asseminese: Coccoi a pitzus, Su scetti, Coccoi de is sposus

Pane carasau

Tre Su pistoccu

SuZichi

Focacce di ricotta, Cozzulas de regottu, Pane e regottu

Focaccia portoscusese

Moddizzosu (o Moddissosu)

Pane ammodigadu, Pane tundu, Tintura

Pane cicci, Pane di Desulo

Pane con gerda

Pane con il pomodoro, Pani cun tamatica, Fogatza cun tamatica

Pane d'orzo, Pane 'e oxiu, Pane 'e oxru PAT

Pane 'e cariga Pane 'e mendula   PAT

Pane gutiaiu PAT

Pane 'e poddine, pane di Ozieri, spianata, Panedda

Uciatìni, Utzatini, Cocu 'e jelda, Cotzula 'e belda

Tunda

SICILIA

Pane di Lentini

Pane nero di Castelvetrano

Cucuzzata

Cuddrireddra

Pagnotta alla disgraziata

Pane a lievitazione naturale, Pani cu cruscenti

Pane di casa, u Pani i casa

Pane di Monreale, u Pani ri Murriali

Pane di S. Giuseppe

Pane votivo, a Cuddura di s. paulu

Vastedda cu sammucu, vastedda nfigghiulata

TOSCANA

Bozza pratese, Pane di Prato

Ciaccino

Crisciolette di Cascio

Focaccette di Aulla

Focaccia bastarda di Pitigliano

Focaccia con i friccioli, Ciaccia con i friccioli

Focaccia di nonno Pilade

Focaccia di Pasqua salata di Pitigliano

Focaccia leva di Gallicano

Focaccia seravezzina

Marocca di Casola

Mignecci di formentone di Gallicano

Pane di Altopascio

Pane di Montegemoli

Pane di patate della Garfagnana

Pane di Po, Signano e Agnino

Pane di Pomarance

Pane di Pontremoli

Pane di Regnano

Pane di Vinca

Pane marocco di Montignoso

Panini di granturco

Schiacce grossetane, Schiacciate, Ciacce, Focacce

TRENTINO-ALTO ADIGE

Apfelbrot

Breatl

Dorf Tiroler

Fela struzn

Fochas

Germzopf

Paarl

Ur-Paarl della Val Venosta

Kaisersemmel

Palabirabrot

Pindl

Püces

Schüttelbrot

Schwarzer weggen

Vinschgauer struzn

Vollkornpaarl

Vorschlag

Vorschlag Paarl

Béchi panzalini

Bina

Cuccalar

Pan co le fritole

Pan de segàla

Pan de sòrc

Pan taià o Gramolato, Ciòpa

UMBRIA

Pane di Strettura

Schiacciata al formaggio

VALLE D'AOSTA

Vollkornbrot

Piata di Issogne

VENETO

Banana comune

Bibanesi

Ciopa vicentina

Cornetti

Fugassa padovana

Fugassa veneta

Mantovana

Montasù

Pan co la suca vedere

Pan co l'ùa vedere

Pane al mais

Pinza alla munara

Schizzotto

Il Pane delle Rose di Santa Rita

Ciopa a mano di Malo

Il pane del contadino di Costabissara

Il Pan de Bari di Arcugnano

www.ingramcontent.com/pod-product-compliance
Lightning Source LLC
Chambersburg PA
CBHW072155100526
44589CB00015B/2241